Afrika-Kochbuch

Die 160 besten Originalrezepte vom Kap bis Kairo

Afrika-Kochbuch

Die 160 besten Originalrezepte vom Kap bis Kairo

**Dorah Sitole und
True Love Magazine**

Kaleidoskop Buch

Aus dem Englischen übersetzt von Miriam Möller
Produktion: RvB Graphic Services
Einbandgestaltung: Studio für Illustration und Fotografie, Icking,
Sascha Wuillemet

Farbreproduktion: Unifoto (Pty) Ltd, Kapstadt
Druck und Bindung: Europrinting S.p.A.
Printed in Italy

ISBN 3-88472-826-1

HINWEIS

Alle Informationen und Hinweise, die in diesem Buch enthalten sind, wurden von der Autorin nach bestem Wissen
erarbeitet und von ihr und dem Verlag mit größtmöglicher
Sorgfalt überprüft. Unter Berücksichtigung des Produkt-
haftungsrechts müssen wir allerdings darauf hinweisen,
dass inhaltliche Fehler oder Auslassungen nicht völlig aus-
zuschließen sind. Für etwaige fehlerhafte Angaben können
Autorin, Verlag und Verlagsmitarbeiter keinerlei Verpflich-
tung oder Haftung übernehmen.

Korrekturhinweise sind jederzeit willkommen und werden
gerne berücksichtigt.

QUELLENNACHWEIS DER ABBILDUNGEN:

CameraPix: S. 102, 103

Gerald Cubitt: S. 36 (unten links), 63, 69

Paul Gordon: S. 10, 13, 14, 17

Roger de la Harpe: S. 20, 21, 28 (oben rechts), 36 (oben
rechts), 62 (unten links), 74 (oben rechts), 75

Walter Knirr: S. 29, 62 (oben rechts)

Jacek Kropinsky: Titelseite, S. 3, 7 (oben links), 8, 92,
94, 95, 97, 98, 99, 100, 101, 110, 111, 112, 113, 114,
115, 116, 117, 124, 125, 126, 127, 128, 129, 130, 131,
140 (Mitte oben; rechts oben), 141 (links oben, Mitte und
unten; Mitte unten; rechts unten), 142 (links oben,
Mitte und unten; Mitte unten; rechts oben und Mitte)

John Peacock: S. 6, 7 (unten rechts), 11, 15, 18, 19, 22, 25,
26, 27, 30 (unten), 31, 33, 35, 39, 41, 43, 47, 48, 52, 53, 54,
55, 58, 59, 61, 64, 65, 66, 67, 68, 71, 72, 73, 74 (unten
links), 76, 77, 79, 80, 82, 84, 85, 86, 87, 88, 89, 90, 91, 93,
96, 104, 105, 106, 107, 108, 109, 118, 119, 120, 121, 122,
123, 132, 133, 134, 135, 136, 137, 138, 139, 140 (links oben,
Mitte und unten; Mitte unten; rechts oben), 141 (Mitte oben;
rechts oben und Mitte), 142 (Mitte oben; rechts unten)

Dorothy Schalkwyk: S. 28 (unten links), 32, 44, 45, 46,
49, 50, 51, 56, 57, 60, 81

Florentine Schwabbauer: S. 6

Mark Skinner: S. 8, 9

True Love Magazine: S. 4, 37, 83

Food-Styling: Dorah Sitole
Fotoassistentin: Cordelia Molewe
Requisiten mit frdl. Gen.:

    The Crockery Warehouse

    Loads of Linen

    Indaba Curios

DANKSAGUNG:

Einige der südafrikanischen Rezepte wurden als Sieger des
vom *True Love Magazine* ausgeschriebenen und von Fedics
gesponserten Leserwettbewerbs prämiert. Die folgenden
Küchenchefs und Köche bzw. Köchinnen haben Rezept-
beiträge geliefert:

Ägypten: Küchenchef Faisal Abu Saada sowie Nadia
Moursi und Jeannette Bedewi

Botswana: Küchenchef Frank Wiese sowie Tash Sparrow
und Sebautlwang „Madinko" Tseko

Ghana: Küchenchef Alex Asare und Mercy Debrah

Kenia: Küchenchef Gift Mwasho und Mama Omodi

KwaZulu-Natal: Küchenchef Sipho Mathaba und Joyce
Mbuyaze

Lesotho: Küchenchef Manraz Rambocous und Olive
Makenete

Malawi: Küchenchef John Mafemula (Nkopolo Lodge)
und Küchenchef Richard Makawa (Mount Soche Hotel)

Marokko: Küchenchef M'hamed Harbroune und Minah
Abuane

Mosambik: Küchenchef Orlando Lipanga und Joseffina
Lenato Simbine

Sambia: Küchenchefs Lee Wilson, Martin Chasunkwa
und Nchonga Daka sowie Doreen Mwale

Sansibar: Küchenchef Matloub Abdul, Küchenchef Issa
Khamis Mohamed sowie Dipak Joshi und Rabia Mwini

Senegal: Küchenchef Arista Mandy und The Saint
Germain Restaurant, Gore Island

Simbabwe: Küchenchef Charles Musakaruka

Swasiland: Küchenchef Musa Mkhatshwa und Küchenchef Dave Boyjoonauth

Transkei: Küchenchef Emmanuel Dlamini sowie Mpumi
Maqungo und Joyce Phoqela

Venda: Vho Masindi Mudau

Westliche Kapprovinz: Küchenchef Ralph Cupido und
Cass Abrahams

SEITE 2: Angerichtete Languste

INHALT

EINLEITUNG

Es war schon immer mein Wunsch, die Kochtraditionen meines Heimatkontinents zu dokumentieren. Was zunächst wie ein unerreichbares Ziel oder wie ein Traum erschien, konnte dann schneller als erhofft umgesetzt werden.

In Zulu sagen wir: *Ukwanda kwaliwa umthakathi* („Nur eine Hexe stellt sich dem Fortschritt in den Weg"). Dieses Kochbuch war längst überfällig, und nur dank einer Zeitschrift wie *True Love*, die den Leistungen Afrikas und seiner Menschen Respekt zollt, konnte es entstehen. Es kostete mich nicht viel Mühe, die dynamische, junge Herausgeberin des *True Love Magazine*, Khanyi Dhlomo-Mkhize, zu überzeugen, wie großartig es der führenden

LINKS: Detail eines Ashanti-Festgewands (Ghana)
UNTEN: Hülsenfrüchte und Getreide auf einem Straßenmarkt

Zeitschrift des Landes für schwarze Frauen anstehen würde, ein Buch über die authentische afrikanische Küche herauszubringen. Sie war nicht nur sofort Feuer und Flamme für die Idee, sondern sorgte auch dafür, dass sie in die Tat umgesetzt wurde. Mit Unterstützung der tüchtigen Michelle Camps wurden Reisen in die verschiedenen afrikanischen Länder organisiert, ich packte meine Koffer, und die Reise meines Lebens konnte beginnen.

Ich freue mich, dass ich hiermit das breite Spektrum afrikanischer Speisen einer breiten Öffentlichkeit vorstellen kann. Die wenigen Bücher, die es über afrikanische Esskultur gibt, konzentrieren sich auf die Küchen West- und Nordafrikas. Sofern die südafrikanische Küche überhaupt Erwähnung findet, handelt es sich meist um afrikaanse oder kapmalaiische Gerichte. Nichts gegen diese, aber Südafrika hat viel mehr zu bieten – eine Vielfalt aufregender lokaler Spezialiäten aus den Dörfern, den pulsierenden Townships und auch aus den Großstädten. Was für ein Vergnügen war es, alle die entlegenen Winkel unseres schönen Landes

Minzetee wird gern nach einem Mahl gereicht

zu bereisen und einen Eindruck von der wunderbaren Essensvielfalt zu erhalten!

Ich hoffe, mit diesem Buch den Leser für Afrika begeistern zu können. Unsere Küche erfreut sich zweifellos wachsender Beliebtheit, und sie wird im neuen Jahrtausend gewiss ein Trendsetter sein. Die Lebensmittel, die die Menschen seit Jahrhunderten ernähren, sind wichtiger Bestandteil unseres Lebens. Natürlich ist Kultur nichts Statisches, aber wir dürfen nicht zulassen, dass die grundlegenden Aromen, die unseren Geschmackssinn prägten, für immer verloren gehen.

Die köstliche Küche Nordafrikas mit ihrem arabischen Einschlag hat internationale kulinarische Trends zweifellos mitgeprägt. Und die Einflüsse der westafrikanischen Kochkunst reichen bis in die Vereinigten Staaten, wo sich in den Gumbo-Gerichten der kreolischen und Cajun-Küche die Vielseitigkeit afrikanischer Zutaten zeigt. Ostafrikas Kokosnüsse und die herrlichen Gewürze Sansibars verleihen Delikatessen in aller Welt eine exotische Note. In den Seen Zentralafrikas wimmelt es von Fischen, die für die dort lebenden Menschen nicht nur eine wichtige Einkommensquelle sind, sondern auch ein Hauptnahrungsmittel. Und da es auch an den Küsten dieses riesigen Kontinents reichlich Meeresfrüchte aller Art gibt, spielen Fisch und Schaltiere in der afrikanischen Küche natürlich eine große Rolle.

Durch dieses Buch soll nun endlich auch Südafrika seinen Beitrag zur internationalen Küche leisten. Zu den wohl schmeckenden und nahrhaften Zutaten seiner Küche zählen getrocknete Bohnen, Maismehl in vielfältiger Konsistenz, Hirse, Erdnüsse, Innereien, Raupen, luftgetrocknetes Fleisch und vitaminreiches grünes Blattgemüse, *Morogo* genannt, außerdem ungewöhnliche Wurzelgemüse wie *Amadumbe* und exotischere Fleischsorten wie Strauß und Zebra.

Die Menschen, die mich und die Fotografen bewirteten – Hausfrauen ebenso wie Küchenchefs – weihten mich bereitwillig in ihre kulinarischen Geheimnisse ein. Dafür bin ich ihnen sehr dankbar. Ich hätte gerne alle afrikanischen Länder besucht, aber das wäre wohl eine Lebensaufgabe geworden. Auch hätte ich gerne jedes Rezept aus den von mir bereisten Ländern dokumentiert, doch dann wäre ein mehrbändiges Werk entstanden. Die in diesem Buch veröffentlichten Rezepte sind die populärsten, und viele von ihnen sind sogar Nationalgerichte. Da nicht alle afrikanischen Zutaten bekannt sind, werden einige im Glossar auf Seite 140–143, teilweise mit Abbildungen, vorgestellt.

Mit diesem Buch ist zumindest der Anfang gemacht, die kulinarischen Traditionen vom Kap bis nach Kairo für unsere Kinder und nachfolgende Generationen festzuhalten. Ich bin sicher, dass auch Ihnen die Speisen gefallen und die Aromen des afrikanischen Kontinents Ihrem Gaumen ganz neue Reize bieten werden.

Dorah Sitole

Köstliche Garnelen brutzeln in der Pfanne

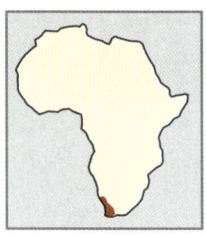

KAPMALAIEN
REPUBLIK SÜDAFRIKA

Die westliche Kapprovinz ist geprägt von einer Reihe in herrlichen Farben leuchtender Bergketten. Am berühmtesten ist sie wohl für den Tafelberg und für die eindrucksvollen Blütenpflanzen, die ihre Berghänge und die umliegende Landschaft zieren. Die bekannteste Vertreterin dieses einmaligen Fynbos-Pflanzenreiches ist die Protea, insbesondere die Königsprotea, die Wappenblume des Landes, die in dieser Gegend massenhaft wächst.

Das Kap ist eine Region, in der viele der Kulturen des Landes aufeinander treffen und verschmelzen. Hier haben sich auch die so genannten Kapmalaien niedergelassen. Sie sind größtenteils Nach-

fahren von Sklaven und Vertriebenen aus Südostasien, die in den Anfangstagen der Kolonisation hierher kamen. Sie verkörpern eine perfekte Mischung aus Afrika und Asien. Die niederländischen Siedler brachten bei ihrer Ankunft am Kap im Jahre 1652 handwerklich begabte Sklaven vom indonesischen und malaiischen Archipel mit, um eine florierende Kolonie aufzubauen. Sie sind immer eine Gruppe für sich geblieben, die durch ihre gemeinsame asiatische Herkunft und ihren festen islamischen Glauben zusammengehalten wird und die einen nicht unerheblichen Beitrag zur Entwicklung der Kolonie geleistet haben.

Bei ihrer Ankunft waren die Niederländer auf die eingeborenen Khoisan getroffen, die von der Jagd, der Schafzucht, dem Sammeln von essbaren Pflanzen und zum Teil auch von den Früchten des Meeres lebten. Es waren jedoch die moslemischen Neuankömmlinge, die den größten Einfluss auf die lokalen Essgewohnheiten nahmen. Die Sklaven und Bediensteten verfeinerten die Speisen, die sie ihren niederländischen Herren aufzutischen hatten, mit exotischen Gewürzen, die sie von den Händlern erwarben, die auf ihrer Route von Fernost nach Europa am Kap ihren Proviant auffrischten.

Sie mischten geschickt die verschiedenen Gewürze und setzten sie langsam feuchter Hitze aus, sodass Aroma und Nährgehalt jeder Zutat weitgehend erhalten blieb. Diese Zubereitungsmethode hat sich im Laufe von 300 Jahren weiterentwickelt zu dem, was heute als kapmalaiische Küche bekannt ist.

Die malaiische Bevölkerungsgruppe am Kap hat ihre Liebe zum Kochen bewahrt, und jedes Gericht zeichnet sich noch immer durch die Gewürze aus ihrer fernen Heimat aus. Typische und sehr beliebte Gerichte sind zum Beispiel *Chicken Masala*, *Bobotie*, *Roti*, *Denningvleis*, *Breyani*, *Bredie* und *Boeber*. Eintöpfe und Currys werden meistens mit gelbem Reis mit Rosinen und mit würzigen Pasten *(Sambals)* serviert.

LINKS: Eine malaiische Obst- und Gemüsehändlerin
OBEN: Junge Malaiinnen bei einem Festmahl
GEGENÜBER: Der Tafelberg bei Sonnenuntergang

CHICKEN MASALA

HÄHNCHEN-CURRY

FÜR 6 PERSONEN

1kg Hähnchen, in Portionsstücke zerlegt

2 TL *Masala* (Glossar)

1 TL gemahlener Kreuzkümmel

1 TL gemahlener Koriander

1 TL Kurkuma

1 EL zerdrückter Knoblauch

1 EL zerdrückter frischer Ingwer

1 grüne Chilischote, fein gehackt

Salz und Pfeffer nach Geschmack

2 EL Pflanzenöl

5 EL Pflanzenöl zum Bestreichen

2 Tomaten, in Spalten geschnitten

1 Zitrone, in Spalten geschnitten

1 Die Hähnchenstücke parieren.

2 Die Gewürze zusammen mit Knoblauch, Ingwer, Chili, Salz und Pfeffer vermengen. 2 EL Öl hinzufügen und zu einer Paste verarbeiten. Die Hähnchenstücke damit einreiben und mindestens 1 Stunde stehen lassen.

3 Das Fleisch in eine feuerfeste Form legen, mit Öl bestreichen und im Backofen bei 180 °C etwa 45 Minuten braten.

4 Auf eine Servierplatte legen und mit Tomaten- und Zitronenspalten garnieren. Mit *Roti* (S. 11) und gelbem Reis (S. 16) servieren.

ROTI

FLADENBROT

FÜR 8 PERSONEN

350 g Mehl

1 TL Salz

3 EL Pflanzenöl

Wasser für den Teig

250 g weiche Butter

Öl zum Braten

1 Mehl und Salz in einer großen Schüssel vermischen. Das Öl hinzufügen und mit den Fingerspitzen zu feinen Krümeln verreiben.

2 So viel Wasser hinzufügen, dass ein ziemlich weicher Teig entsteht, und diesen auf einer bemehlten Arbeitsfläche zu einem 23 x 32 cm großen Rechteck ausrollen.

3 Den Teig mit weicher Butter bestreichen und dann zu einer Rolle formen. Mit einem Küchentuch bedecken und 30 Minuten ruhen lassen.

4 Stücke vom Teig abzupfen und zu tennisballgroßen Kugeln formen.

5 Jede Kugel tellergroß ausrollen und in heißem Öl auf jeder Seite 2 Minuten braten.

Roti wird gewöhnlich warm zu Currys serviert. Man bricht kleine Stücke von den Fladen ab und nimmt mit ihnen Fleisch und Sauce auf.

MUTTON BREYANI

HAMMELFLEISCH-CURRY AUS DEM OFEN

FÜR 6–8 PERSONEN

1½ kg Hammelkeule, vom Knochen gelöst

¼ l Öl

3 große Zwiebeln, in Scheiben geschnitten

1 EL zerdrückter frischer Ingwer

1 EL zerdrückter Knoblauch

6 mittelgroße Kartoffeln,

in Würfel geschnitten

1 TL Salz

250 g braune Linsen

500 g Basmati-Reis

½ TL Safranfäden

8 hart gekochte Eier, in Scheiben geschnitten

100 g Butter, zerlassen

2 EL Koriandergrün

MARINADE

3 Zimtstangen

5 Kardamomkapseln

2 grüne Chilischoten

½ TL Kurkuma

1 EL rotes *Masala* (Glossar)

2 EL Breyani-*Masala* (Glossar)

5 Nelken

5 Pfefferkörner

1 große Tomate, in Würfel geschnitten

¼ l Buttermilch

1 Das Fleisch waschen und in Würfel schneiden, die Marinade zubereiten und das Fleisch darin 2 Stunden marinieren.

2 Das Öl erhitzen und Zwiebeln, Ingwer und Knoblauch darin braun sautieren. Das Fleisch hinzufügen und 30 Minuten braten.

3 Die Kartoffeln salzen und goldbraun braten. Den Reis halb gar kochen, in ein Sieb geben und abspülen. Die Linsen in heißes Wasser streuen und weich garen.

4 Die Safranfäden unter den Reis mischen und diesen schichtweise mit Kartoffeln, Fleisch, Eischeiben (einige für die Garnierung aufheben) sowie Linsen in eine große, feuerfeste Form geben.

5 Mit einer Schicht Reis, den man mit Butter vermengt hat, abschließen. Mit Backpapier bedecken und für 1 Stunde in den auf 160 °C vorgeheizten Backofen stellen.

6 Mit Koriandergrün und Eischeiben garnieren.

ZWIEBEL-SAMBAL

ERGIBT ETWA 200 GRAMM

2 große Zwiebeln, in Scheiben geschnitten

4 EL grobes Meersalz

4 EL dunkler Essig

2 EL weiche Aprikosenmarmelade

4 EL gehacktes Koriandergrün

1 Die Zwiebeln in eine Schüssel geben und mit Salz bestreuen.

2 Mit den Fingerspitzen Salz und Zwiebeln verreiben, um allen scharfen Zwiebelsaft zu entfernen.

3 Anschließend unter fließendem kaltem Wasser gründlich abspülen, um das Salz und den Saft zu entfernen. In die Schüssel zurückgeben.

4 Essig mit der Aprikosenmarmelade vermischen und über die Zwiebeln geben. Mit Koriandergrün bestreuen und zu einem Schmorgericht (Rezept *Bredie*, S. 14 und S. 18) reichen.

MÖHREN-CHILI-SAMBAL

ERGIBT ETWA 200 GRAMM

4 Möhren, geschabt und geraspelt

Salz nach Belieben

2 rote Chilischoten, gehackt

½ TL Zucker

1 EL Rosinen

1 Salz über die Möhren streuen, 15 Minuten stehen lassen und im Sieb abtropfen lassen.

2 Die übrigen Zutaten hinzufügen und bis zum Servieren kühl stellen.

TOMATO BREDIE
HAMMELFLEISCH MIT TOMATEN

FÜR 4–6 PERSONEN

2 große Zwiebeln, in Scheiben geschnitten

½ TL Pfefferkörner

½ TL gemahlene Nelken

⅛ l Wasser

2 EL Pflanzenöl

2 Zimtstangen

1 kg Hammelfleisch, in Stücke geschnitten

1 Stück (2,5 cm) frischer Ingwer, fein gehackt

2 Kardamomkapseln

1 kg sehr reife Tomaten, abgezogen und gehackt

1 grüne Chilischote, gehackt

6 mittelgroße Kartoffeln, geschält und halbiert

Salz, frisch gemahlener Pfeffer

Zucker

Gehackte Petersilie

1 Zwiebeln, Pfeffer, Nelken und Wasser in einem großen Topf zum Kochen bringen. Anschließend köcheln lassen, bis das Wasser aufgesogen ist.

2 Öl und Zimt hinzufügen und braten, bis die Zwiebeln goldbraun sind. Fleisch, Ingwer und Kardamom hinzufügen und verrühren.

3 Die Temperatur herunterschalten und im fest verschlossenen Topf 30 Minuten köcheln lassen.

4 Tomaten und Chili hinzufügen, den Deckel wieder auflegen und 20 Minuten köcheln lassen.

5 Die Kartoffeln und nach Belieben Salz, Pfeffer und Zucker hinzufügen und zugedeckt köcheln lassen, bis die Kartoffeln gar sind.

6 Mit gehackter Petersilie garnieren und auf gelbem Reis (S. 16) servieren.

> Statt Hammel kann man auch Geflügel verwenden. Die Garzeit verringert sich dann um 60 Minuten.

DENNINGVLEIS

HAMMELFLEISCH-RAGOUT

FÜR 8–10 PERSONEN

2 EL Pflanzenöl

3 große Zwiebeln, in Scheiben geschnitten

5 dicke Knoblauchzehen, zerdrückt

5 Pimentkörner

6 Nelken

2 Lorbeerblätter

1 grüne Chilischote, fein gehackt

2 TL frisch gemahlener schwarzer Pfeffer

1 kg Hammelfleisch, in Stücke geschnitten

2 EL Tamarinde ohne Samen

¼ l kochendes Wasser

1 TL geriebene Muskatnuss

Salz nach Belieben

1 Das Öl in einem großen Topf erhitzen und die Zwiebeln darin weich braten. Knoblauch, Piment, Nelken, Lorbeer, Chili und Pfeffer hinzufügen.

2 Das Fleisch auf die Zwiebeln legen und im fest verschlossenen Topf 30–40 Minuten dünsten.

3 Die Tamarinde in kochendem Wasser einweichen, abkühlen lassen und dann mit dem Löffelrücken durch ein Sieb drücken. Die Tamarindenflüssigkeit über das Fleisch gießen und mit Muskat bestreuen. Mit Salz abschmecken und noch 10–15 Minuten köcheln lassen. Mit gelbem Rcis (S. 16) servieren.

BOBOTIE

HACKFLEISCH-AUFLAUF MIT ROSINEN

FÜR 8 PERSONEN

2 dicke Scheiben altbackenes Weißbrot

1 EL Pflanzenöl

50 g Butter

2 große Zwiebeln, gehackt

750 g Hackfleisch vom Rind

3 Knoblauchzehen, zerdrückt

1 EL *Masala* (Glossar)

1 TL Kurkuma

2 TL gemahlener Kreuzkümmel

2 TL gemahlener Koriander

3 Nelken

½ TL Pfefferkörner

5 Pimentkörner

75 g Rosinen oder Sultaninen

4 EL Mandelblätter

1 EL gemischte getrocknete Kräuter

2 EL Chutney

Salz und frisch gemahlener Pfeffer

6–8 Zitronenblätter

¼ l Milch

2 Eier, geschlagen

1 Das Brot in Wasser einweichen.

2 Öl und Butter erhitzen und die Zwiebeln darin glasig braten.

3 Alle übrigen Zutaten bis auf das Brot, die Zitronenblätter sowie Milch und Eier in einer großen Schüssel vermischen.

4 Die Zwiebeln mit dem Bratfett hinzufügen. Das Brot ausdrücken, zu dem Fleisch geben und alles gut vermengen.

5 In eine gefettete ofenfeste Form geben. Die Zitronenblätter ganz dünn aufrollen und in die Mischung stecken.

6 Im Backofen 30 Minuten bei 180 °C garen. Eier und Milch miteinander verschlagen und über das Fleisch gießen. Zurück in den Ofen stellen und backen, bis die Eier gestockt sind. Mit gelbem Reis (rechts) servieren.

Gelber Reis ist in Südafrika äußerst beliebt. Früher war er – und ist es zum Teil auch heute noch – das traditionelle Gericht bei einem Begräbnisschmaus. Die Methode, Reis mit Kurkuma zu färben, verdanken die Südafrikaner den indischen Einwanderern. Wenn man gelben Reis ohne Rosinen oder Sultaninen vorzieht, lässt man einfach Schritt 3 aus.

GELBER REIS MIT ROSINEN

FÜR 6 PERSONEN

1 l Wasser

175 g weißer Reis

2 TL Kurkuma

2 Zimtstangen

3 Kardamomkapseln

Salz und Zucker nach Belieben

100 g Rosinen oder Sultaninen

30 g Butter

1 Das Wasser in einem Topf zum Kochen bringen. Reis, Kurkuma, Zimt, Kardamom, Salz und Zucker hinzufügen. Die Temperatur herunterschalten und zugedeckt etwa 20 Minuten ganz leise köcheln lassen, bis der Reis weich und alle Flüssigkeit aufgesogen ist.

2 Den Reis in ein Sieb geben und mit fließendem Wasser abspülen, um überschüssiges Kurkuma zu entfernen. Zurück in den Topf geben.

3 Die Rosinen oder Sultaninen hinzufügen und vorsichtig unterrühren. Weitere 15 Minuten bei niedriger Hitze dämpfen.

4 Die Butter hinzufügen und den Reis mit einer Gabel auflockern. Der Reis wird warm zu Currygerichten wie einem *Masala* oder *Breyani* gereicht.

WATERBLOMMETJIE-BREDIE
SCHMORGERICHT MIT BLÜTEN

FÜR 6 PERSONEN

⅛ l Wasser

500 g Zucchini- oder Kürbisblüten, gewaschen

1 Kartoffel, in Scheiben geschnitten

1 Zwiebel, in Scheiben geschnitten

1 Knoblauchzehe, zerdrückt

Salz und Pfeffer nach Geschmack

1 EL gehackter Sauerampfer

1 TL Zitronensaft (nach Belieben)

1 Das Wasser zum Kochen bringen, dann die Blüten sowie Kartoffel, Zwiebel Knoblauch, Salz und Pfeffer hinzufügen. Etwa 35 Minuten köcheln lassen, bis alles weich, aber noch nicht zerfallen ist.

2 Den Sauerampfer und nach Belieben Zitronensaft hinzufügen und erhitzen. Das Gemüse auf Reis servieren.

Das Originalrezept verwendet statt Zucchini- oder Kürbisblüten *Waterblommetjie*-Blüten, nach denen das Rezept auch benannt ist. *Waterblommetjie* ist eine Wasserpflanze, die in den Feuchtgebieten der Kapprovinz wächst.

BOEBER

MILCHPUDDING

FÜR 4 PERSONEN

3 EL Sago

⅛ l Wasser

50 g Butter

150 g feine Fadennudeln, in Stücke gebrochen

8–10 Kardamomkapseln

3 Zimtstangen (jeweils etwa 2,5 cm)

200 g Sultaninen

2 l Milch

400 g Zucker

Einige Tropfen Rosenwasser (nach Belieben)

1 Den Sago 30 Minuten in Wasser einweichen.
2 Die Butter in einem Topf zerlassen und die Nudeln unter Rühren darin vorsichtig bräunen. Alle Zutaten bis auf das Rosenwasser hinzufügen.
3 Unter gelegentlichem Rühren köcheln lassen, bis der Milchpudding dick und cremig ist. Nach Belieben Rosenwasser hinzufügen.
VARIANTE: Auch mit gemahlenen Nüssen und mit Kokosraspeln schmeckt *Boeber* sehr gut.

> Diesen aromatischen Milchpudding essen Moslems traditonell in der fünfzehnten Nacht des Fastenmonats Ramadan. Man kann ihn heiß oder kalt servieren.

XHOSA
REPUBLIK SÜDAFRIKA

Die Heimat der Xhosa ist die östliche Kapprovinz, die sich vom Fuß der Drakensberge über sanftes Hügelland und üppig grüne Täler bis hin zur so genannten Wild Coast erstreckt und berüchtigt ist für ihre kurvenreichen Straßen, die sich um felsige Landzungen herumschlängeln und abrupt an Steilklippen enden. Die ungezähmte Wildnis der Wild Coast hat einmalige Naturdenkmäler zu bieten, wie etwa das „Hole-in-the-Wall", den „Waterfall Bluff" und gewaltige Felsriffe, die endlos weit ins Meer hinausreichen.

Heute leben die meisten Xhosa in *Ezilalini* (Dörfern), die sich entlang dem östlichen Küstenstreifen, in den ehemaligen Homelands der Transkei und Ciskei, konzentrieren. Aber man trifft im ländlich geprägten Osten der Kapprovinz noch immer auf Sippenverbände der Xhosa, die über das Buschland verstreut wie ihre Vorfahren leben: Während sich die Frauen um Haus und Landwirtschaft kümmern, gehen die Männer für den Unterhalt der Familie arbeiten.

Die Xhosa gliedern sich in eine Reihe von großen Stämmen, darunter die Thembu, Bomvana, Mpondo und andere, und ihre lebhafte Sprache zeichnet sich durch Klick- und Schnalzlaute aus. Wie viele andere afrikanische Völker kleideten sich die Xhosa früher in Tierhäute, später dann in Decken, die mit einer speziellen Art von Tonerde gefärbt waren und von denen die Bezeichnung *Red blanket people* („Rote-Decken-Volk") herrührt. Frauen trugen große Turbane, Perlenketten, kupferne Armreife und Röcke aus zusammengenähten bunten Bändern, während das Statussymbol der älteren verheirateten Frauen eine lange Pfeife war. In den ländlichen Gebieten tragen viele Frauen noch immer die traditionelle Tracht, in den Städten sieht man sie nur noch gelegentlich oder zu festlichen Anlässen.

Mais gehört fast überall in Afrika zu den Grundnahrungsmitteln, ob frisch am Kolben, getrocknet, zerstoßen oder gemahlen. Man kann die Xhosa jedoch als die Hüter dieser vielseitigen Getreideart bezeichnen, die mit ihren einfallsreichen Maisgerichten großen Einfluss auf die südafrikanische Küche ausgeübt haben. Ihre zu allen Tageszeiten gern gegessene Suppe, *Isopho,* ist eine Kombination von Bohnen und Mais, *Umqa* ist mit Mais vermischter frischer Kürbis und *Umngqusho* ist ein Maisschrot-Bohnen-Brei, um nur einige wenige schmackhafte Maisgerichte der Xhosa zu nennen.

LINKS: Ein junger Xhosa mit typischem Perlenhalsschmuck
OBEN: Xhosa-Frauen in traditioneller Tracht
GEGENÜBER: Ein Xhosa-Dorf im östlichen Kapland

INYAMA YEGUSHA

HAMMEL-EINTOPF

FÜR 4 PERSONEN

4 EL Öl

1 kg Hammelfleisch, in Stücke geschnitten

4 mittelgroße Zwiebeln, gehackt

500 g Möhren, in Scheiben geschnitten

2 große Tomaten, gehackt

Salz und Pfeffer nach Geschmack

60 g Mehl

1 Das Öl erhitzen und das Fleisch anbraten.

2 Das Gemüse hinzufügen und würzen.

3 Etwa 45 Minuten bei geringer Hitze garen.

4 Das Mehl mit Wasser verrühren und zum Fleisch geben. Köcheln lassen, bis der Eintopf eingedickt ist. Mit Mais-Bohnen-Brei (Rezept *Umngqusho,* S. 24) servieren.

ULUSU LWENKOMO

RINDERKUTTELN

FÜR 4–6 PERSONEN

2 kg Kutteln (Magen, Darm und Gekröse)

Wasser

Salz und Pfeffer nach Geschmack

1 Die Kutteln unter fließendem kaltem Wasser gründlich waschen.

2 In einen Topf geben und mit Wasser bedecken. Salz und Pfeffer hinzufügen und zum Kochen bringen, die Temperatur herunterschalten und die Kutteln etwa 3 Stunden leise köcheln lassen, bis sie ganz weich sind. Mit Maisbrei oder Klößen servieren.

UMQA

KÜRBIS-MAIS-PÜREE

FÜR 4 PERSONEN

2 kg Kürbis

⅛ l Wasser

1 TL Salz

Zucker nach Geschmack

500 g frische Maiskörner, gekocht

¼ l Wasser

1 Den Kürbis schälen und in Würfel schneiden, die Samen entfernen. Den Kürbis in einen Topf geben, Wasser und Salz hinzufügen.

2 Etwa 15 Minuten köcheln lassen, bis der Kürbis weich ist. Zucker hinzufügen.

3 Die Maiskörner unterrühren und weitere 15 Minuten leise köcheln lassen.

INYAMA YENKUKHU

GESCHMORTES HÄHNCHEN

FÜR 4–6 PERSONEN

1 Hähnchen (750 g–1 kg), in Portionsstücke zerlegt

4 EL Öl

4 mittelgroße Zwiebeln, gehackt

2 große Tomaten, gehackt

Salz und Pfeffer nach Geschmack

5 EL Mehl

1 Das Öl erhitzen und die Hähnchenstücke goldbraun anbraten.

2 Die Zwiebeln hinzufügen und 5 Minuten mitbraten.

4 Tomaten sowie Salz und Pfeffer hinzufügen und etwa 45 Minuten leise köcheln lassen, bis das Hähnchenfleisch gar ist.

5 Das Mehl mit Wasser zu einer Paste verrühren und die Sauce damit binden.

> Dieses Gericht wird traditionell mit *Umleqwa*, selbst geschlachteten Hähnchen, zubereitet.

ISOPHO

MAIS-BOHNEN-SUPPE

FÜR 4 PERSONEN
500 g frische Maiskörner
175 g getrocknete kleine Bohnenkerne,
über Nacht eingeweicht
½ l Wasser
1 EL Öl
1 Zwiebel, gehackt
1 Kartoffel, in Würfel geschnitten
1 TL Currypulver
Salz nach Geschmack

1 Den Mais und die Bohnen in dem Wasser
weich garen.
2 Das Öl erhitzen und Zwiebel und Kartoffel
mit dem Currypulver braten.
3 Zu der Mais-Bohnen-Suppe geben und etwa
1 Stunde köcheln lassen, bis die Suppe gar ist.
Heiß servieren.

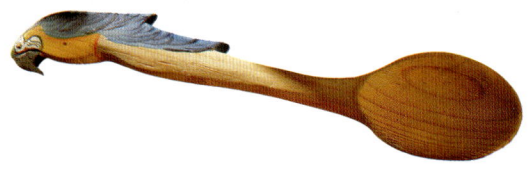

INKUKHU NEMBOTYI

GESCHNETZELTES HÄHNCHEN
MIT GRÜNEN BOHNEN

FÜR 4–6 PERSONEN
½ l Öl
1 Zwiebel, gehackt
3 Hähnchenbrüste, Knochen entfernt und
in kleine Streifen geschnitten
Salz nach Geschmack
1 TL *Garam masala* (Glossar)
150 g frische grüne Bohnen
¼ l Hühnerbrühe

1 Das Öl erhitzen und die Zwiebel darin goldbraun braten. Die Hähnchenstreifen hinzufügen
und braten, bis sie weich sind. Mit Salz und
Masala bestreuen.
2 Die grünen Bohnen waschen und die Fäden
entfernen, aber nicht klein schneiden. Die Bohnen und die Brühe zu den Hähnchenstreifen
geben und köcheln lassen, bis alles durchgegart
ist. Mit Salz abschmecken.
3 Mit *Umngqusho* (Rezept rechts) servieren.

UMNGQUSHO

MAISSCHROT-BOHNEN-BREI

FÜR 4–6 PERSONEN
300 g Maisschrot (*Samp*, Kasten unten)
300 g getrocknete kleine Bohnenkerne
Wasser
Salz nach Geschmack

1 Mais und Bohnen über Nacht einweichen.
2 Mais und Bohnen abspülen und in einen Topf
geben. Mit frischem Wasser bedecken, Salz hinzufügen und zum Kochen bringen.
3 Etwa 2 Stunden köcheln lassen, bis der Brei
gar ist. Wenn der Brei zu trocken wird, weiteres
Wasser hinzufügen.

> *Samp* ist eine Art grobes Maisschrot (zerstampfte
> und gebrochene getrocknete Maiskörner). Es ist
> nicht fein vermahlen wie Maismehl. Maisschrot
> kann man selbst herstellen, indem man getrock-
> nete Maiskörner in einer Handkaffeemühle mahlt.

Mais-Bohnen-Suppe, Geschnetzeltes Hähnchen mit grünen Bohnen

IMBILA

SAURES MAIS-HIRSE-GETRÄNK

FÜR 4 PERSONEN

250 g grobes Maismehl

125 g Sorghumhirse

1 l Wasser

Zucker nach Geschmack

1 Maismehl und Hirse über Nacht einweichen. Das Wasser nicht weggießen.

2 Maismehl und Hirse in dem Einweichwasser 20–30 Minuten unter ständigem Rühren kochen. Wenn die Flüssigkeit zu sehr eindickt, weiteres Wasser hinzufügen.

3 Die Flüssigkeit abkühlen und 4 Stunden zum Gären stehen lassen. Vor dem Trinken nach Geschmack Zucker hinzufügen.

VARIANTE: *Amarhewu* ist ein reines Maisgetränk; die Hirse wird durch weiteres Maismehl ersetzt.

MAIS MIT UMFINO

GEMÜSE-MAISBREI

FÜR 4–6 PERSONEN

1 mittelgroßer Weißkohl, in Streifen geschnitten

500 g Spinat, fein geschnitten

250 g weiße Rüben, geschabt und gewürfelt

1 Bund Frühlingszwiebeln, gehackt

½ l Wasser

170 g Maisschrot (Kasten S. 24)

180 g grobes Maismehl

125 g Butter

Salz und Pfeffer nach Geschmack

1 Das Gemüse gründlich waschen.

2 Das Wasser in einem großen Topf erhitzen und die Gemüse hineingeben. Mit einer Gabel vermengen und 20 Minuten köcheln lassen.

3 Erst den Maisschrot und dann das Maismehl unterrühren und zu einem dicken Brei verrühren.

4 Butter hinzufügen und mit Salz und Pfeffer würzen. Bei schwacher Hitze unter gelegentlichem Rühren 25 Minuten garen.

5 Zu Fleischgerichten servieren.

MAISMEHL-GEMÜSE-PUDDING

FÜR 4 PERSONEN

Je ¼ l Milch und Wasser

4 Eier

1 kleine Dose (400 g) buntes Gemüse

5 EL Zucker

250 g Weizenmehl

125 g grobes Maismehl

2 TL Backpulver

Kochendes Wasser

1 Milch, Wasser und Eier verrühren. Das Gemüse hinzufügen.

2 Die trockenen Zutaten zusammensieben und zu dem Gemüse geben.

3 Zu einem glatten, weichen Teig verrühren. In eine gefettete große Puddingform geben. Die Form in einen halb mit Wasser gefüllten Topf stellen.

4 Etwa 1 Stunde dämpfen, bis der Pudding gar ist. Sobald das Wasser während des Garens verdampft, frisches hinzufügen. Mit Fleisch und Bratensauce servieren.

FISCH MIT KOHL UND TOMATEN-RELISH

FÜR 4 PERSONEN

1 ganzer Stöcker (*Intlanzi*) oder ein beliebiger

anderer weißfleischiger Meeresfisch

60 g Mehl

Salz und Pfeffer nach Geschmack

4 EL Öl

75 g Weißkohl, in Streifen geschnitten

50 g Butter

TOMATEN-RELISH

2 EL Öl

1 Zwiebel, gehackt

1 mittelgroße Tomate, gehackt

½ TL Cayennepfeffer

1 Den Fisch ausnehmen und säubern, das Mehl mit Salz und Pfeffer würzen und den Fisch darin wälzen.

2 Das Öl in einer Bratpfanne erhitzen. Den Fisch auf beiden Seiten braun braten.

3 Für das Tomaten-Relish Zwiebel, Tomate und Cayennepfeffer separat in dem Öl erhitzen.

4 In der Zwischenzeit den Kohl in der Butter andünsten. Auf einem Servierteller anrichten.

5 Den Fisch darauf legen und mit Tomaten-Relish bedecken. Zuammen mit Mais-Bohnen-Brei (Rezept *Umngqusho,* S. 24) servieren.

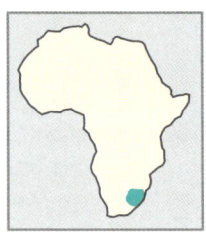

ZULU
REPUBLIK SÜDAFRIKA

KwaZulu-Natal ist die traditionelle Heimat der Zulu, der größten ethnischen Gruppe in Südafrika. Die Provinz ist geprägt von welligem Hügelland, das sich bis zu den gewaltigen *Izintaba zokhahlamba*, den Drakensbergen, erstreckt, und hat im Landesinnern wie auch an der Küste Naturreservate von außerordentlicher Schönheit zu bieten.

Die Ursprünge des Zulu-Volkes lassen sich bis ins späte 17. Jahrhundert zurückverfolgen. Seither hat das Reich 15 Regenten gehabt. Der wohl bekannteste der Krieger-Könige war Chaka, er machte das Volk der Zulu zum mächtigsten und gefürchtetsten im südlichen Afrika. Wie alle anderen südafrikanischen Stämme leben auch die Zulu heute überwiegend in den Städten.

In den ländlichen Gebieten werden die traditionellen Bräuche jedoch noch immer gewahrt. So gilt bis heute der Grundsatz *Isisu somhambi asingaka-nani, singang 'enso yenyonini* („Der Magen eines Gastes ist so klein wie die Niere eines Vogels"), was bedeutet, dass Gastfreundschaft groß geschrieben wird. In einem traditionellen Zulu-Haus bekommen Besucher immer etwas zu essen angeboten, und es wird als unhöflich erachtet, dankend abzulehnen.

Die Zulu-Küche ist einfach, und die Frauen müssen wirklich Einfallsreichtum beweisen angesichts der beschränkten Auswahl: Maismehl, Hirse, Süßkartoffeln, Kartoffeln, *Amadumbe* (der Süßkartoffel ähnlich, aber mit einer dickeren Schale), Melonen und Kürbis sind die Grundnahrungsmittel. Krümeliger Maisbrei *(Phutu)* wird mit Dickmilch *(Amasi)* oder Tomaten-Relish serviert. Mais wird häufig gekocht oder am Kolben geröstet. Oft kann man am Straßenrand Frauen sehen, die über einem Holzkohlenfeuer Maiskolben rösten und an Passanten verkaufen. Das Lieblingsgericht der Zulu-Männer ist über offenem Feuer gegrilltes Fleisch *(Inyama eyosiwe)*. Dazu wird Maisbrei *(Pap)* gegessen und anschließend ein Schluck des stark berauschenden Hirsebiers *(Umqombothi)* getrunken. Frauen und Kinder trinken *Amarhewu*, ein leichteres Getränk aus gegorenem Maismehl.

Zum kulturellen Erbe von KwaZulu-Natal gehört auch das Vermächtnis der indischen Einwanderer. Es lebt nicht nur in den indischen Vierteln fort, die in und um Pietermaritzburg und Durban konzentriert sind, sondern auch in ihrem Beitrag zur Küche – den Aromen asiatischer Köstlichkeiten, für die die Städte, aber sehr wohl auch die Provinz, so berühmt sind.

LINKS: Zulu-Mädchen beim Tanz
OBEN: Eine Zulu-Frau mit buntem Kopfschmuck
GEGENÜBER: Das pittoreske Valley of a Thousand Hills

GESCHMORTES KANINCHEN MIT GEMÜSE

FÜR 6 PERSONEN

1 Kaninchen (ca. 1½ kg)

2 EL Öl

1 große Zwiebel, in Würfel geschnitten

3 große Kartoffeln, in Würfel geschnitten

3 große Möhren, in Scheiben geschnitten

300 g grüne Bohnen, in kleine Stücke geschnitten

¼ l Wasser

Salz und Pfeffer

1 Das Kaninchen in Portionsstücke zerlegen. Das Öl in einem großen Topf erhitzen und die Kaninchenstücke darin anbraten.

2 Die Zwiebel zum Fleisch geben und braun braten. Kartoffeln, Möhren und grüne Bohnen auf das Fleisch schichten. Das Wasser hinzufügen und mit Salz und Pfeffer würzen.

3 Das Gericht zugedeckt etwa 1–2 Stunden schmoren lassen, bis das Fleisch zart ist. Zusammen mit *Umbido* und *Phutu* (rechts) servieren.

GEGENÜBER, IM UHRZEIGERSINN VON OBEN:
Geschmortes Kaninchen, Phutu und Umbido

DREIBEINIGER TOPF

Der dreibeinige Topf ist das traditionelle Kochgefäß in Afrika. Vermutlich wurde er von europäischen Händlern eingeführt. In Südafrika benutzt man ihn traditonell für festliche Mahlzeiten im Freien. Die darin zubereiteten Eintopfgerichte oder *Potjiekos* erfreuen sich großer Beliebtheit. Das Kochen über offenem Feuer in einem solchen Topf sorgt nicht nur dafür, dass das Essen sehr langsam gart, was den Geschmack erhöht, sondern hat darüber hinaus den Vorteil, dass man teure Energie spart.

UMBIDO
GEDÜNSTETE ROTE-BETE-BLÄTTER

FÜR 4–6 PERSONEN

2 EL Öl

1 Zwiebel, fein gehackt

500 g Rote-Bete-Blätter

3 Tomaten, abgezogen und klein geschnitten

Salz und Pfeffer

4 hart gekochte Eier, gehackt

1 Die Zwiebel in Öl glasig braten.

2 Rote-Bete-Blätter, Tomaten sowie Salz und Pfeffer hinzufügen. Etwa 10 Minuten köcheln lassen, bis die Blätter weich sind. Gelegentlich mit einer Gabel rühren.

3 Behutsam die Eier unterheben. Auf *Phutu* (unten) oder anderem Maisbrei servieren.

PHUTU
KRÜMELIGER MAISBREI

FÜR 4–6 PERSONEN

¼ l Wasser

375 g grobes Maismehl

1 Das Wasser zum Kochen bringen. Das Maismehl ohne zu rühren hineinschütten und etwa 20 Minuten köcheln lassen, bis es durchgegart ist.

2 Mit einer großen Gabel krümelig rühren.

IPHALISHI LOBHONTSHISI

BOHNENBREI

FÜR 4 PERSONEN

400 g getrocknete Limabohnen

Wasser

Salz und Pfeffer nach Geschmack

4 EL Öl

1 mittelgroße Zwiebel, gerieben

2 Knoblauchzehen, zerdrückt

2 Tomaten, gehackt

⅜ l Fleischbrühe

250 g grobes Maismehl

1 Die Limabohnen über Nacht einweichen.

2 Die Bohnen in dem Einweichwasser zum Kochen bringen, mit Salz und Pfeffer würzen und weich garen. Zu Püree zerstampfen.

3 Zwiebel und Knoblauch glasig braten. Tomaten, Bohnenpüree und Brühe hinzufügen und zum Kochen bringen. Das Maismehl hinzufügen und gut verrühren.

4 Bei mittlerer Hitze unter gelegentlichem Rühren 35 Minuten garen. Mit einem Relish servieren.

IPHALISHI ELIMUNCU

SAUERMILCH-MAISBREI

FÜR 4 PERSONEN

½ l Sauermilch

Wasser

125 g grobes Maismehl

⅛ l Wasser

1 Milch und Wasser aufkochen. Das Maismehl hinzufügen, verrühren und 30–35 Minuten garen.

2 Mit Tomaten-Zwiebel-Relish servieren.

ISIJEZA

KÜRBISPÜREE

FÜR 4 PERSONEN

10 Kürbisscheiben, Schale entfernt

Salz und Zucker oder Zimtzucker nach Geschmack

125 g Maismehl

¼ l kaltes Wasser

½ l heißes Wasser

1 Die Kürbisscheiben in kleine Stücke schneiden. Mit Salz und Zucker oder Zimtzucker bestreuen. Das kalte Wasser hinzufügen und weich garen.

2 Den Kürbis pürieren und das heiße Wasser hinzufügen. Aufkochen und das Maismehl hinzufügen. Gründlich vermengen.

3 Bei mittlerer Hitze 30 Minuten garen. Mit einem Relish heiß oder kalt servieren.

UMHLUZI WETAMATISI NE ANYANISI

TOMATEN-ZWIEBEL-RELISH

FÜR 4 PERSONEN

3 EL Öl

3 Zwiebeln, fein gehackt

2 Knoblauchzehen, zerdrückt

6 große Tomaten, abgezogen und fein gehackt

1 TL Cayennepfeffer

2 grüne oder rote Chilischoten, Samen entfernt und gehackt

Salz und Pfeffer nach Geschmack

1 Das Öl erhitzen und Zwiebeln und Knoblauch darin glasig braten.

2 Die Tomaten und die restlichen Zutaten hinzufügen und weich garen, bis eine dicke Sauce entsteht. Auf *Phutu* (Rezept S. 30) servieren.

GEMÜSEPFANNE MIT SÜSSKARTOFFEL-CHIPS

FÜR 2 PERSONEN

50 g Butter

2–3 Stangen Lauch, in lange Streifen geschnitten

1 große Zwiebel, in Scheiben geschnitten

½ Weißkohl, in feine Streifen geschnitten

250 g Spinat, gewaschen und gehackt

50 g Sonnenblumenkerne

Salz und Pfeffer nach Geschmack

CHIPS

3 Süßkartoffeln, geschält und
in dünne Scheiben geschnitten

¼ l Öl

1 TL gemahlener Kreuzkümmel

2 TL grobes Meersalz

1 Die Butter in einer Pfanne zerlassen und Lauch, Zwiebel und Kohl hinzufügen und weich garen.

2 Den Spinat und die Sonnenblumenkerne hinzufügen, rühren und mit Salz und Pfeffer würzen.

3 CHIPS: Das Öl erhitzen und die Kartoffelscheiben darin goldbraun braten. Auf Küchenkrepp abtropfen lassen. Mit etwas Kreuzkümmel und Meersalz bestreuen. Das Gemüse in die Mitte einer Servierschüssel füllen und die Chips darum herum anordnen.

MAIS-PAELLA

FÜR 2 PERSONEN

100 g Maisschrot (*Samp*, Kasten S. 24)

1 l Wasser

50 g Butter

1 Zwiebel, gehackt

4 Champignons, fein gehackt

1 grüne Paprikaschote, in Würfel geschnitten

⅛ l Weißwein

3 Miesmuscheln

6 Garnelen, geschält und Darm entfernt

100 g Kabeljaufilet,
in Würfel geschnitten

3 EL Öl

4–6 Cocktail-Tomaten

1 Den Maisschrot in Wasser weich garen – nicht rühren, damit der Mais nicht breiig wird. Abspülen und beiseite stellen.

2 Zwiebel und Pilze in der Butter braten. Paprika hinzufügen und weich garen.

3 Im getrennten Topf den Wein erhitzen und die Muscheln darin 1 Minute gar ziehen lassen.

4 Garnelen und Fisch im Öl braten.

5 Die Zwiebelmischung hinzufügen. Den Maisschrot hinzufügen, behutsam rühren und die Tomaten hinzufügen. Auf eine Servierplatte geben und die Muscheln darauf anordnen.

MAISPUDDING MIT SCHOKOLADENSAUCE

FÜR 5 PERSONEN

½ l Sahne

2 TL gemahlener Zimt

100 g Zucker

½ TL Vanille-Essenz

175 g grobes Maismehl

¼ l Milch

5 Backpflaumen, entsteint

SAUCE

200 g dunkle Schokolade, geraspelt

¼ l Sahne

1 Sahne, Zimt, Zucker, Vanille zusammen erhitzen.

2 Maismehl und Milch verrühren und zu der warmen Sahne geben. Dick einkochen.

3 Die Pflaumen auf dem Boden einer Form verteilen und die Maismehl-Sahne-Mischung darüber gießen. Im Kühlschrank setzen lassen.

4 SAUCE: Schokolade und Sahne vermischen und im Wasserbad schmelzen. Den Pudding auf einen Teller stürzen und kurz vor dem Servieren mit der Schokoladensauce übergießen.

GEGENÜBER, IM UHRZEIGERSINN VON OBEN: Gemüsepfanne, Maispudding mit Schokoladensauce und Mais-Paella

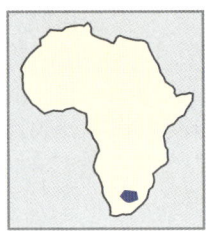

LESOTHO

Lesotho – das bedeutet von alters her strohgedeckte Hütten, aus denen Rauch quillt, Geruch von Kuhdung, mit dem die Feuer betrieben werden, junge Viehhirten, die im Licht der Morgensonne ins Hügelland ausschwärmen, das Hufeklappern von Pferden und in Decken gehüllte Männer, die den Gruß *Khotso, pula, nala* („Friede, Regen, Überfluss") darbieten.

Drei Viertel Lesothos werden von dem zerklüfteten Maluti-Gebirge beherrscht. Die meisten der 1,5 Millionen Einwohner leben in der Ebene, und nur etwa 5 Prozent haben sich in und um Maseru, der Hauptstadt, niedergelassen. Das Land ist gänzlich von der Republik Südafrika umschlossen und steht daher wirtschaftlich und politisch stark unter dem Einfluss seines großen Nachbarn.

Lesotho, das frühere Basutoland, wurde im 19. Jahrhundert von dem Häuptling Moshoeshoe I. gegründet. Er hatte den eindringenden Zulu unter König Chaka erfolgreich Widerstand geleistet und die vertriebenen Bantuvölker Nguni und Sotho in dem neuen Reich unter seiner Herrschaft vereint. Basutoland ging später in der britischen Kapkolonie auf, bis es schließlich 1966 als unabhängiges Königreich Lesotho anerkannt wurde. Heute werden die Basuto von König Letsie III., einem direkten Nachfahren von Moshoeshoe, regiert.

Auf dem Lande hüllen sich die Menschen noch immer gern in die bunten, mit Symbolen gemusterten Decken, und die Männer tragen auf dem Kopf konische Strohhüte. Die Frauen sind sehr begabt im Weben. Die Basuto werden auch als *Majapere* bezeichnet, „die Menschen, die Pferdefleisch essen". Pferde gibt es im Land der Basuto in großer Zahl; sie werden in der bergigen Region als Transportmittel genutzt. Der Verzehr von Pferdefleisch ist jedoch nicht üblich. Das Fleisch der Tiere wird nur dann gegessen, wenn ein Pferd verunglückt ist; geschlachtet werden sie zu diesem Zweck nicht.

Die Küche Lesothos ist einfach, aber nahrhaft. In der Familie werden nur Gemüse und Hühner

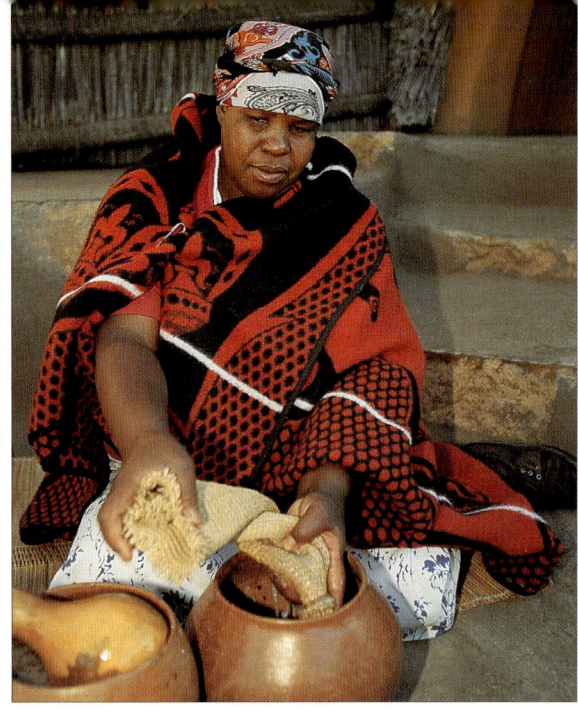

aus der eigenen Landwirtschaft gegessen, und alles, was bei der Ernte übrig bleibt, wird in der Sonne getrocknet und später zu *Mangangajane* verarbeitet. Eine nahrhafte Mahlzeit kann beispielsweise aus *Pap* (Maisbrei bzw. Maisgrütze) bestehen sowie aus gedämpftem Kürbis mit Zimt, in Rinderbrühe gegartem Spinat und geschmortem Ochsenschwanz, einem bei den Basuto besonders populären Gericht. Sehr beliebt ist auch Rote-Bete-Salat; ohne ihn wird eine Mahlzeit mitunter als unvollständig betrachtet. Die Blätter ergeben, für sich gekocht oder mit Tomate und Zwiebel als *Morogo* zubereitet, eine sehr gesunde und schmackhafte Beilage.

LINKS: Ein Basuto-Reiter auf dem Weg durchs Gebirge
OBEN: Eine Basuto-Frau seiht Bier in einen Tontopf
GEGENÜBER: Eine für Lesotho typische Gebirgslandschaft

GINGER BEER

INGWERBIER

ERGIBT 2 LITER

1 TL Zucker

½ l plus 1 EL lauwarmes Wasser

1 Päckchen (10 g) Bierhefe

2 EL gemahlener Ingwer

2 TL Weinstein

1 Orange oder ½ Ananas, in Scheiben geschnitten

⅛ l warmes Wasser

1 Den Zucker in ½ l lauwarmem Wasser auflösen. Die Bierhefe darüber streuen und 10 Minuten stehen lassen.

2 Ingwerpulver, Weinstein und 1 EL lauwarmes Wasser miteinander gründlich verrühren und zu dem Zucker und der Hefe geben.

3 Die Orangen- oder Ananasscheiben hinzufügen.

4 Das warme Wasser hinzufügen, mit einem feuchten Tuch bedecken und 12 Stunden stehen lassen.

5 Die Mischung in einem Sieb abtropfen lassen und an einem kühlen Platz 3 Tage stehen lassen.

VARIANTE: Um eine größere Menge herzustellen, kann man die Zutatenmengen im gleichen Verhältnis wie oben einfach erhöhen. Ingwerbier ist ein tradionelles Getränk, das stets zu Festessen serviert wird.

TING

SAURER MAISBREI

FÜR 4 PERSONEN

125 g grobes Maismehl

175 g Maisschrot (Kasten unten)

1⅛ l Wasser

1 Maismehl, Maisschrot und ein Drittel (⅜ l) des Wassers in einer Schüssel vermischen.

2 2–3 Tage stehen lassen. Testen, ob der Brei sauer ist. Falls nicht, einen weiteren Tag gären lassen.

3 Wenn der Brei genügend sauer ist, ¾ l Wasser in einem Topf zum Kochen bringen.

4 Nach und nach den Brei hineingeben; rühren, damit keine Klumpen entstehen. Den Deckel auflegen und etwa 30 Minuten köcheln lassen, bis der Brei gar ist. Mit Leber und Blattgemüse (*Morogo*, rechts sowie S. 42 und 64) servieren.

> Maisschrot – grob gemahlene Maiskörner (Kasten S. 24) – wird oft zu saurem Brei *(Ting)* verarbeitet. Bulgur (oder Burghul) ist vorgekochter mehr oder minder fein geschroteter Weizen.

SEBETE SE HALIKILOENG MIT MOROGO

GEBRATENE LEBER MIT BLATTGEMÜSE

FÜR 4 PERSONEN

BLATTGEMÜSE

500 g Spinat, Mangold oder Stielmus

2 EL Wasser

Salz und Pfeffer

6 EL Milch

30 g Butter

LEBER

500 g Leber, in Stücke geschnitten

Salz

4 EL Öl

1 BLATTGEMÜSE: Das Gemüse gründlich waschen und in einen Topf geben. Wasser, Salz und Pfeffer hinzufügen. Zugedeckt garen, bis die Flüssigkeit aufgesogen ist. Milch und Butter hinzufügen. Köcheln lassen, bis alle Flüssigkeit absorbiert ist.

2 LEBER: Die Leber mit einer Gabel einstechen und mit Salz bestreuen. In heißem Öl auf beiden Seiten 10–15 Minuten braten.

3 Die Leber auf dem Blattgemüse verteilen. Mit saurem Maisbrei (*Ting*, links) servieren.

Gebratene Leber mit Blattgemüse und saurem Maisbrei (Ting)

LEKHOTLOANE

GEHACKTES LAMMFLEISCH

FÜR 4–6 PERSONEN
750 g–1 kg Lammkeule
1 l Wasser
3 EL Öl
2 Zwiebeln, fein gehackt
¼ l Fleischbrühe
Salz und Pfeffer nach Geschmack

1 Die Lammkeule in Wasser kochen, bis das Fleisch weich ist und sich vom Knochen löst.
2 Das Fleisch abkühlen lassen, in Stücke schneiden und dann fein hacken.
3 Das Öl erhitzen und die Zwiebeln darin glasig sautieren. Das gehackte Lammfleisch und die Brühe hinzufügen.
4 Leise köcheln lassen, bis die Sauce eindickt. Mit Salz und Pfeffer würzen und mit gedämpftem Maismehlkloß (Rezept *Leqebekoane*, S. 42) und grünem Blattgemüse (*Morogo*, Rezepte S. 38, 42 and 64) servieren.

> Gedämpfte Maismehlklöße sind bei allen afrikanischen Stämmen sehr beliebt, und jeder verfügt über ein eigenes Rezept. *Leqebekoane* wird aus fermentiertem Maisbrei hergestellt. Für den Brei wird Maismehl mit Wasser verrührt und für mindestens zwei Tage beiseite gestellt. Solche Klöße werden stets separat gedämpft, niemals über der Garflüssigkeit.

LIKAHARE

GEMISCHTE INNEREIEN

FÜR 4–6 PERSONEN
1 kg gemischte Innereien (Kutteln, Lunge etc.)
½ l Gemüsebrühe
2 Zwiebeln, in Scheiben geschnitten
Salz und Pfeffer nach Geschmack

1 Die Innereien gründlich waschen und unter fließendem kaltem Wasser abspülen.
2 Die Brühe zum Kochen bringen und die Innereien hineingeben. 2 Stunden köcheln lassen.
3 Die Innereien aus der Brühe heben und in dünne Scheiben schneiden.
4 Die Zwiebeln in die Sauce geben, die Innereien hinzufügen, würzen und weitere 30 Minuten köcheln lassen.
5 Warm auf *Nyekoe* (rechts), mit *Morogo* (Rezept S. 38, 42 und 64) oder Spinat servieren.

NYEKOE

BULGUR UND BOHNEN

FÜR 4–6 PERSONEN
200 g getrocknete kleine Bohnen
½ l Wasser
350 g Bulgur (Kasten S. 38)
60 g Butter
Salz und Pfeffer nach Geschmack

1 Die getrockneten Bohnen mit reichlich Wasser bedecken und über Nacht einweichen. In ein Sieb geben und abtropfen lassen.
2 Den ½ l frisches Wasser in einem Topf zum Kochen bringen, die Bohnen hineingeben und 1 Stunde köcheln lassen.
3 Den Bulgur hinzufügen; falls nötig, mit Wasser auffüllen und 30 Minuten leise köcheln lassen.
4 Die Butter unterrühren und nach Geschmack mit Salz und Pfeffer würzen.

LINKS: Morogo – die Blätter wild wachsender grüner Pflanzen – werden in Afrika gern als Blattgemüse genommen
GEGENÜBER: Gemischte Innereien mit Bulgur und Bohnen

LEQEBEKOANE

GEDÄMPFTER MAISMEHLKLOSS

FÜR 4–6 PERSONEN

350 g Mehl

120 g fermentierter Maisbrei (Kasten S. 40)

1 Päckchen (10 g) Trockenhefe

2 EL Zucker

1 TL Salz

1 Ei, geschlagen

Etwa ½ l lauwarmes Wasser oder

Wasser, mit Milch vermischt

1 Das Mehl sieben und die trockenen Zutaten untermischen.

2 Das Ei mit Wasser verrühren. So viel lauwarmes Wasser hinzufügen, dass ein weicher, geschmeidiger Teig entsteht. 10 Minuten kneten.

3 Den Teig mit Plastikfolie bedecken und zu doppelter Größe aufgehen lassen. Den Teig flach klopfen und in eine gefettete Backform geben. Erneut zu doppelter Größe aufgehen lassen.

4 In der Zwischenzeit das Wasser in einem Topf, der groß genug für die Form mit dem Kloß ist, zum Kochen bringen. Die Form in das heiße Wasser stellen (das Wasser sollte ein Drittel der Formhöhe nicht übersteigen). Den Topf luftdicht abschließen und den Kloß 1 Stunde köcheln lassen. Falls nötig, Wasser auffüllen.

5 Den Kloß in Spalten aufgeschnitten servieren.

SECHU SA KHOHO

GESCHMORTES HÄHNCHEN

FÜR 4–6 PERSONEN

1 ganzes Hähnchen (750 g–1 kg)

4 EL Öl

2 Zwiebeln, gehackt

1 Knoblauchzehe, zerdrückt

3 mittelgroße Tomaten, abgezogen und gehackt

2 Chilischoten, Samen entfernt und gehackt

¼ l Hühnerbrühe

Salz und Pfeffer nach Geschmack

1 Das Hähnchen in Portionsstücke zerlegen. Die Stücke in dem Öl anbraten.

2 Zwiebeln und Knoblauch hinzufügen und sautieren, bis die Zwiebeln weich sind.

3 Tomaten, Chilischoten und Brühe hinzufügen. Würzen und 45–60 Minuten köcheln lassen.

4 Heiß auf Maisbrei oder Kartoffelpüree und mit Blattgemüse (Morogo, Kasten unten sowie Rezepte S. 38, 42 und 64) servieren.

> Als Blattgemüse (Morogo) eignen sich gut Rote-Bete-Blätter, Stielmus oder Spinat. In Afrika werden meist die Blätter wild wachsender Pflanzen verwendet.

MOROGO MIT WEISSEN RÜBEN UND KARTOFFELN

FÜR 4–6 PERSONEN

500 g Blattgemüse (Morogo, Kasten unten)

1 Bund Frühlingszwiebeln, gehackt

1 Bund weiße Rüben, geschabt und in Würfel geschnitten

3 Kartoffeln, geschält und in Würfel geschnitten

Wasser

Salz und Pfeffer nach Geschmack

50 g Butter

1 Das Blattgemüse gründlich waschen und fein hacken.

2 Blattgemüse, Frühlingszwiebeln, Rüben, Kartoffeln und ein wenig Wasser in einem Topf erhitzen. Mit Salz and Pfeffer würzen.

3 Zum Kochen bringen und dann etwa 30 Minuten leise köcheln lassen, bis das Gemüse gar ist.

4 Die Butter hinzufügen und alles Gemüse gründlich vermischen. Heiß auf festem Maisbrei (Pap) servieren.

Morogo mit Rüben und Kartoffeln sowie Maisbrei

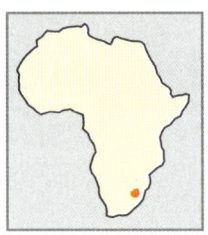

SWASILAND

Swasiland, einer der kleinsten Staaten der Welt, grenzt im Norden, Süden und Westen an die Republik Südafrika und im Osten an Mosambik. Das zerklüftete Bergland im Westen des Landes ist Teil der Großen Randstufe des südafrikanischen Binnenhochlands, das steil abfällt zu der Tiefebene im Osten.

Die Swasi, deren Vorfahren zum Dlamini-Stamm gehörten, der Mitte des 18. Jahrhunderts von Ngwane I. über das Lebombo-Gebirge geführt

wurde, sind eine der drei noch übrig gebliebenen Monarchien auf dem Kontinent. Swasilands erster König, Sobhuza I., nahm vor den Zulu geflüchtete Nguni-Gruppen auf. Auf diese Weise entstand eine militärisch starke Nation, der es gelang, den Angriffen des Zulu-Herrschers Chaka zu widerstehen. Ihr Name ist von einem der Gründer des Staates, Mswati I. abgeleitet. Nach zahlreichen Feldzügen gegen benachbarte Völker geriet Swasiland schließlich unter britische Herrschaft, bis es 1968 in die Unabhängigkeit entlassen wurde. Die Swasi sprechen überwiegend SiSwati und Englisch und werden heute von König Mswati III. regiert, den sie sehr verehren.

Selbst in dem heutigen modernen Staat sieht man noch viele Männer und Frauen in Gewändern aus dem traditionellen bunten Stoff, *Amahiya*. Und die lokalen Märkte der Handwerker sind voll von den althergebrachten Insignien eines Volkes, das sein kulturelles Erbe konsequent wahrt.

Bei einem Besuch bei einer Familie hatte ich die Gelegenheit, den bescheidenen Lebensstil der Menschen kennen zu lernen. Ich schaute zu, wie meine Gastgeberin ihren Mais auf dem Stein zermahlte und wie sie einen echten Swasi-Maisbrei

kochte sowie das traditionelle Gemüse Afrikas, *Umbidzo* oder *Igusha*.

Die Swasi essen auch gern Hülsenfrüchte: Aus Bohnen und Linsen werden mit Maismehl *Lusontfwana* bzw. *Tinhlumaya nemphuphu* genannte Gerichte zubereitet. Gekochte runde Bohnen oder Nüsse werden nach dem Abkühlen aus den Schalen gelöst und gegessen. Für Mais gibt es viele Zubereitungsarten: mit Nüssen vermischter gebratener Mais, gekochte getrocknete Maiskörner, die man kalt isst, und gebratene Maiskörner mit Nüssen, die gemahlen und mit Wasser vermischt werden. Großer Beliebtheit erfreuen sich auch mit Zucker bestreute gekochte Kürbisstücke.

LINKS: Ein Swasi-Mann in Stammestracht
OBEN: Eine Frau mit ihrem Kind in Kleidern aus dem traditionellen Stoff der Swasi, dem bunten Amahiya
GEGENÜBER: Über die Berghänge verstreut liegende Dörfer

ULUSU NAMAZAMBANE

KUTTELN

FÜR 4–6 PERSONEN

1 kg Kutteln, gewaschen und klein geschnitten

Wasser

4 Kartoffeln, in Viertel geschnitten

1 Zwiebel, gehackt

1 EL Currypulver

1 TL Salz

1 Die Kutteln mit Wasser bedecken, zum Kochen bringen und 3 Stunden köcheln lassen.

2 Kartoffeln, Zwiebel, Curry und Salz hinzufügen.

3 Weitere 30 Minuten köcheln lassen, bis die Kartoffeln gar sind. Mit Spinat-Maisbrei (*Isijabane*, rechts) servieren.

ISIJABANE

SPINAT-MAISBREI

FÜR 4 PERSONEN

5 große Spinatblätter, klein geschnitten

1 Zwiebel, gerieben

1 Prise Salz

1 l Wasser

250 g grobes Maismehl

1 Den Spinat in einen Topf geben, die geriebene Zwiebel und das Salz hinzufügen und mit Wasser bedecken.

2 Zum Kochen bringen und 5 Minuten kochen lassen.

3 Das Maismehl hinzufügen und verrühren.

4 Den Maisbrei bei niedriger Temperatur etwa 30 Minuten köcheln lassen, bis er gar ist. Zwischendurch häufig rühren.

VARIANTE: Statt des Spinats kann gewürfelter Kürbis verwendet werden. Mit Milch servieren.

SIDLWADLWA MIT MAISSCHROT

FLEISCH-GEMÜSE-SCHMORGERICHT

FÜR 6–8 PERSONEN

300 g Maisschrot (*Samp*, Kasten S. 24)

¾ l Wasser

⅛ l Öl

1 kg Rindfleisch, in Würfel geschnitten

2 Tomaten, in Scheiben geschnitten

150 g Weißkohl, in feine Streifen geschnitten

300 g Erdnüsse, zerstoßen

Salz und Pfeffer nach Geschmack

1 Den Maisschrot über Nacht in kaltem Wasser einweichen. Abgießen und mit frischem Wasser bedecken. Etwa 1½ Stunden kochen lassen, bis ein weicher Brei entsteht.

2 In einem separaten Topf Öl erhitzen und das Fleisch anbraten. Tomaten, Kohl und Erdnüsse hinzufügen. Mit Salz und Pfeffer würzen. 15 Minuten schmoren lassen. Das Fleisch mit dem Maisschrot mischen und mit Spinat-Maisbrei (*Isijabane*, links) servieren.

LINKS: Kunstvolle Holzschnitzereien aus Swasiland
GEGENÜBER: Kutteln, Spinat-Maisbrei

MAIS-BOHNEN-BREI MIT NÜSSEN

FÜR 4 PERSONEN

200 g Maisschrot (*Samp*, Kasten S. 24)

200 g getrocknete Limabohnen

Wasser

150 g ungesalzene Erdnüsse

3 Würfel Hühnerbrühe

Salz und Pfeffer nach Geschmack

80 g Milchpulver

75 g Butter

1 Maisschrot und Bohnen mit Wasser bedecken und über Nacht einweichen. Abtropfen lassen.

2 Maisschrot und Bohnen zusammen mit den Nüssen in einen Topf geben und mit Wasser bedecken. Die Brühwürfel zerbröckeln und in den Topf geben. Aufkochen und dann 3 Stunden köcheln lassen. Wenn der Brei zu trocken wird, weiteres Wasser hinzufügen.

3 Mit Salz und Pfeffer würzen. Milchpulver und die Butter hinzufügen. Unterheben oder mit einem Holzlöffel gründlich verrühren.

BEEF STEW

GESCHMORTES RINDFLEISCH

FÜR 4–6 PERSONEN

4 EL Öl

750 g Rinderhachse, in Würfel geschnitten

3 EL Mehl

Salz und Pfeffer nach Geschmack

2 Zwiebeln, gehackt

1 Knoblauchzehe, zerdrückt

1 TL gemahlener Kreuzkümmel

1 TL gemahlener Koriander

3 Kartoffeln, in Scheiben geschnitten

4 Möhren, in Scheiben geschnitten

½ l Fleischbrühe

1 Das Öl erhitzen, die Fleischstücke in dem mit Salz und Pfeffer gewürzten Mehl wälzen und rundum anbraten. Das Fleisch herausnehmen und warm stellen.

2 Zwiebeln, Knoblauch, Kreuzkümmel und Koriander in das Öl geben und braten, bis die Zwiebeln glasig sind.

3 Die restlichen Zutaten hinzufügen und aufkochen. Die Hitze reduzieren und etwa 45 Minuten köcheln lassen, bis das Fleisch gar ist. Mit Mais-Bohnen-Brei (links) servieren.

SISHWALA

BOHNENBREI

FÜR 4 PERSONEN

400 g getrocknete kleine Bohnenkerne

Wasser

2 TL Salz

500 g grobes Maismehl

1 Die Bohnen über Nacht einweichen.

2 Abtropfen lassen und mit frischem Wasser
bedecken. Salz hinzufügen und weich garen.

3 Das Maismehl einrühren und 30 Minuten garen.

INDLANGALA

MÖHREN-BOHNEN-SUPPE

FÜR 4 PERSONEN

5 EL Öl

5 Möhren, in Würfel geschnitten

100 g grüne Bohnen

125 g Erdnusscreme

1 l Wasser

Salz und Pfeffer nach Geschmack

1 Das Öl erhitzen und die Möhren 2–3 Minuten
und dann mit den Bohnen 2–3 Minuten braten.

2 Erdnusscreme, Salz, Pfeffer und das Wasser
hinzufügen und 30 Minuten köcheln lassen.

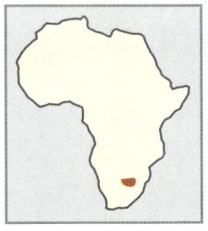

NDEBELE
REPUBLIK SÜDAFRIKA

Die Ndebele sind eine typische Mischung von südafrikanischen Kulturen, was sich auch bei ihren Hauptnahrungsmitteln zeigt. Sie gehören, wie die Zulu, Xhosa und Swasi, zu der Völkergruppe der Nguni und gliedern sich in drei Untergruppen: Eine – Matabele genannt – ist in Simbabwe ansässig und die beiden anderen in den Nordprovinzen Südafrikas. Die erste der Gruppen kam um 1600 aus der Gegend des heutigen KwaZulu-Natal, und die zweite floh mehr als zwei Jahrhunderte später in das Gebiet nördlich des Limpopo. Verantwortlich für den Exodus war Mzilikazi, einer von Chakas Zulu-Kommandanten, der 1821 gegen seinen Füh-

rer rebellierte und das Königreich der Ndebele gründete. In der Folge vermischten sich die Ndebele mit den Sotho, und heute hat ihre Sprache sowohl etwas vom Sotho als auch vom Afrikaans. Das Volk ist vor allem berühmt für sein hervorragendes künstlerisches Können sowie für seine mit bunten Mustern bemalten Häuser. Viele Ndebele-Frauen beherrschen meisterhaft die Kunst des geometrischen Designs, wie man auch an ihren Gewändern sieht. Sie sind sehr stolz auf ihren Perlenschmuck, und einige Frauen tragen schwere Reife um Hals und Fußgelenke (Iingolwane) und schmücken sich mit farbenreichen Decken.

Zu den lebhaftesten Erinnerungen an meine Kindheit in einem Township gehört der Ausruf Umbila, bakhozi („Mais, meine Freunde") der Ndebele-Frauen. Sie verkauften aber nicht nur Mais, sondern auch Matten, kurze Besen und bunte handgeflochtene Körbe. Voller Faszination beobachtete ich, wie meine Tante, eine traditionell lebende Ndebele-Frau, kunstfertig den Boden mit Kuhdung bestrich, und das jedes Mal in einem anderen Muster.

Die Nahrung der Ndebele besteht überwiegend aus Mais, Bohnen, gedünsteten Rote-Bete-Blättern (Umbido), Kürbis und Fleisch. Ihr Maisbrei, Um-

ratha, ist eine Kombination des Vhuswa der Venda und des Bohobe der Sotho. Bei vielen beliebt ist auch Vetkoek, ein Gericht niederländisch/afrikaansen Ursprungs, das die Ndebele Amafetkuku nennen. Ein beliebter Snack ist Uburotho ne konfyt (Brot mit Marmelade). Marula-Bier wird getrunken, wenn die Marula-Früchte Saison haben. Weitere Getränke sind Hirsebier. Wie andere traditionelle Volksgruppen, die sich seit Jahrhunderten von dem ernähren, was ihnen die Natur bietet, essen auch die Ndebele noch immer gerne Käfer, Raupen, Ameisen und Termiten.

LINKS: Farbenfroh und raffiniert gearbeitete Perlenstickereien
OBEN: Eine Ndebele-Frau beim Aufziehen von Perlen
GEGENÜBER: Eine Familie vor ihrem typisch bemalten Haus

ULUSU NAMA DOMBOLO

KUTTELN UND BRIES MIT KLÖSSCHEN

FÜR 4 PERSONEN

1 kg Innereien (Kutteln und Bries) vom Schaf

Salz und Pfeffer nach Geschmack

KLÖSSCHEN

125 g Vollkornmehl

1 Päckchen (10 g) Trockenhefe

Salz nach Geschmack

1 EL lauwarmes Zuckerwasser

1 Die Innereien waschen und klein schneiden. In einen Topf geben und mit Wasser bedecken.

2 Die Innereien bei mittlerer Temperatur etwa 2 Stunden garen. Anschließend mit Salz und Pfeffer würzen.

3 KLÖSSCHEN: Die Zutaten vermischen. Etwa 15 Minuten zu einem geschmeidigen Teig kneten. In eine Schüssel legen, mit Plastikfolie bedecken und an einem warmen Platz gehen lassen.

4 Den Teig zu golfballgroßen Kugeln formen. Die Teigkugeln 30 Minuten vor Ende der Garzeit auf das Fleisch geben. Im geschlossenen Topf köcheln lassen, bis Fleisch und Klößchen gar sind. Heiß mit Gemüse servieren.

ITHANGA NESIPHILA

KÜRBIS-MAIS-PÜREE

FÜR 4 PERSONEN

1 kleiner Kürbis, in Stücke geschnitten

Frische Maiskörner, von 2 Maiskolben gelöst

Etwa ⅛ l Wasser

1 TL Zucker (nach Belieben)

1 Prise Salz (nach Belieben)

1 Die Kürbisstücke, Maiskörner und das Wasser in einen Topf geben.

2 Etwa 45 Minuten kochen, bis Mais und Kürbis weich sind. Gründlich rühren, sodass ein Püree entsteht.

3 Nach Belieben Zucker und Salz hinzufügen.

IDOMBOLO

VOLLKORNMEHL-KLÖSSE

FÜR 4 PERSONEN

250 g Vollkornmehl

1 Päckchen (10 g) Trockenhefe

1 TL Zucker

1 Prise Salz

Etwa ¼ l lauwarmes Wasser

1 Die trockenen Zutaten in einer großen Rührschüssel vermischen.

2 Das lauwarme Wasser langsam hinzufügen und die Masse zu einem weichen, geschmeidigen Teig verarbeiten.

3 Den Teig 10 Minuten gründlich kneten, mit Plastikfolie bedecken und etwa 45 Minuten bis zu doppelter Größe aufgehen lassen.

4 Den Teig flach klopfen, in eine gefettete Backform geben und nochmals zu doppelter Größe aufgehen lassen.

5 Die Form in einen Topf mit kochendem Wasser stellen, einen fest schließenden Deckel auflegen und 1 Stunde dämpfen.

> Gekochte, gesalzene Bohnenkerne werden in Afrika gern als Beilage oder auch als Snack gegessen. Besonders beliebt sind dafür die einheimischen *Ditloo*- oder *Jugo*-Bohnen.

DITLOO/IZINDLUBU

SNACK AUS GESALZENEN BOHNEN

1 kg Adzuki- oder Schwarze Bohnen (Kasten links)

½ l Wasser

Salz nach Geschmack

1 Die Bohnen über Nacht einweichen und in dem Wasser etwa 30 Minuten garen, bis sie weich sind. Salzen.

2 Wie Salznüsse in einem Schälchen servieren.

RINDFLEISCH-SUPPE

FÜR 4–6 PERSONEN

1 kg Rinderhachse, gesäubert und in Portionsstücke geteilt (am besten vom Fleischer)

2 l Wasser

1 kg Limabohnen, über Nacht eingeweicht

4 TL Currypulver

Salz und Pfeffer nach Geschmack

1 Das Fleisch mit Wasser bedecken und etwa 1 Stunde kochen, bis es halb durchgegart ist.

2 Bohnen, Curry, Salz und Pfeffer hinzufügen. Eine weitere Stunde köcheln lassen, bis die Bohnen weich sind; falls nötig, Wasser nachfüllen.

3 Heiß mit Klößen (Rezept gegenüber), Brot oder Maisbrei servieren.

UMQOMBOTHI (ITHLODLWA)

HIRSEBIER

ERGIBT 8 LITER

6 kg Sorghumhirse

3 kg grobes Maismehl

4 l kochendes Wasser

4 l kaltes Wasser

1 Päckchen (10 g) Bierhefe

1 Etwa 3 kg Hirse mit dem Maismehl mischen und das kochende Wasser hinzufügen. Abkühlen lassen. Weitere 1 kg Hirse hinzufügen. Über Nacht ruhen lassen.

2 Die Mischung in einen großen Topf geben und 1 l kaltes Wasser hinzufügen, 1 Stunde kochen. Abkühlen lassen.

3 Wenn die Mischung abgekühlt ist, sie in einen großen Eimer gießen und 2 kg Hirse hinzufügen. Das restliche kalte Wasser einrühren.

4 Die Bierhefe hinzufügen und alles gründlich vermischen.

5 Die Mischung mit Plastikfolie oder einem feuchten Tuch abdecken und mindestens 12 Stunden zum Gären stehen lassen.

6 Die Flüssigkeit durch ein feines Sieb abgießen. Gekühlt servieren.

Hirsebier ist ein beliebtes afrikanisches Getränk, das ebenso im Alltag wie bei festlichen Anlässen getrunken wird. Es hat allerdings eine stark berauschende Wirkung und ist daher für Kinder ungeeignet. Ein beliebtes Familiengetränk ist *Mageu* (Rezept S. 60). Sowohl *Umqombothi* als auch *Mageu* sind fast überall in Afrika in Getränkeläden und in Supermärkten erhältlich.

SÜSS-SAURER ROTE-BETE-SALAT

FÜR 4–6 PERSONEN

4 mittelgroße Rote-Bete-Knolle

1 kleine Zwiebel, gerieben

1 Apfel, gerieben

4 TL milder Chutney

80 g Zucker

2 TL Speisestärke

5 EL Essig

5 EL Wasser

1 Prise Salz

1 Die Rote-Bete-Knollen gründlich waschen und etwa 40 Minuten im Backofen bei 180 °C garen, bis sie weich sind.

2 Die Rote Bete für ein paar Minuten in kaltes Wasser legen und dann die Haut abschälen.

3 Sie dann in Scheiben oder in Würfel schneiden und Zwiebel, Apfel und Chutney hinzufügen.

4 Zucker, Speisestärke, Essig, Wasser und Salz vermischen. Kochen, bis die Sauce eindickt.

5 Die Sauce über die Rote Bete gießen und den Salat abkühlen lassen. Kalt servieren.

CHAKALAKA-SALAT

GEMISCHTER GEMÜSESALAT

FÜR 4–6 PERSONEN

3 EL Öl

1 Zwiebel, gerieben

2 Knoblauchzehen, zerdrückt

2 EL zerdrückter frischer Ingwer

1 grüne Paprikaschote, Samen entfernt und gewürfelt

3 grüne Chilischoten, Samen entfernt und gehackt

2 TL Currypulver

3 mittelgroße Möhren, in Stücke geschnitten

1 mittelgroßer Blumenkohl, in Röschen zerteilt

1 Dose (400 g) Baked Beans

Salz und Pfeffer nach Geschmack

1 Das Öl erhitzen und Zwiebel, Knoblauch, Ingwer, Paprika, Chili zusammen mit dem Currypulver 5 Minuten sautieren.

2 Möhren und Blumenkohl hinzufügen. Etwa 15 Minuten sanft garen, bis das Gemüse weich ist.

3 Die Bohnen hinzufügen und würzen. Erhitzen und dann abkühlen lassen. Kalt servieren.

Diesen Gemüsesalat kann man im Kühlschrank mehrere Tage aufbewahren.

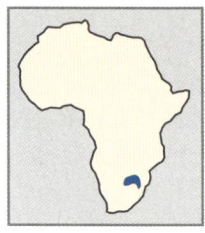

VENDA
REPUBLIK SÜDAFRIKA

Die Venda sind bis heute Tradition und Brauchtum stark verhaftet. Viele von ihnen glauben noch daran, dass die mächtigen Geister der verstorbenen Häuptlinge im Funduzisee in den Soutpansbergen wohnen und dass diese Geister Einfluss auf Ernte und Regen haben. Um ihren hoch geachteten Ahnen Respekt zu zollen, müssen die Menschen rückwärts auf den See zugehen und sich tief verbeugen – und niemand darf im See Wäsche waschen oder schwimmen. Auch die beschaulichen, aber doch eindrucksvollen Phiphidi-Fälle bei Thohoyandou sind den Venda heilig.

Wie andere Volksgruppen Südafrikas auch kamen die Venda ursprünglich aus dem Norden. Es heißt, dass die Karanga-Rozwi aus dem Gebiet des heutigen Simbabwe südwärts zogen und sich

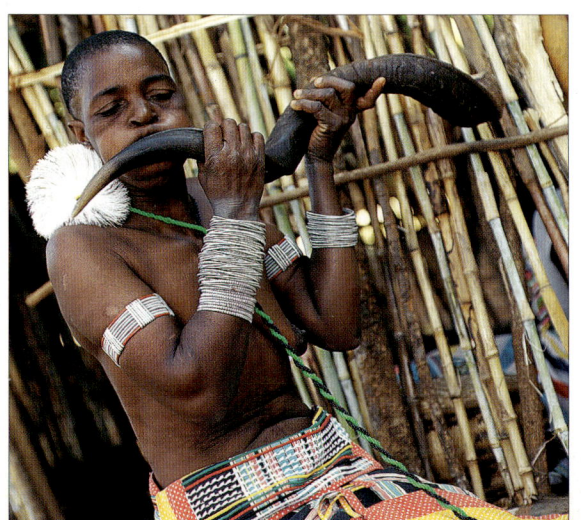

in der nordöstlichen Region Südafrikas niederließen, die später Homeland der Venda werden sollte. Als talentierte Handwerker verstanden sie sich auf das Schmelzen von Eisen und Fertigen von Werkzeugen, mit deren Hilfe sie Landbau betrieben.

Das Land der Venda, das heute in die Republik Südafrika eingegliedert ist, liegt im Tal des Limpopo. Sein wirtschaftliches Zentrum befindet sich in und um die einstige Homeland-Haupstadt Thohoyandou („Elefantenkopf"). Der Limpopo bildet die Nordgrenze Südafrikas und liefert das in den Trockengebieten, die er durchfließt, dringend benötigte Wasser – was einer Reihe kleiner Dörfer eine florierende Landwirtschaft ermöglicht.

Die Küche der Venda ist einfach, aber sehr würzig. Die Grundlage zahlreicher Gerichte bildet Erdnusssauce *(Dofhi)*. Mopanewürmer *(Mashonzha)*, Dörrfleisch *(Tshisevho)* und wild wachsendes Blattgemüse *(Mukusule* oder *Morogo)* werden gewöhnlich in pikanter Sauce gegart und mit Maisbrei *(Vhutetwe* oder *Vhuswa)* serviert.

Die Zubereitung von Venda-Maisbrei ist eine Kunst für sich, und neidvoll habe ich zugesehen, wie Masindi die Mischung anrührt und formt. Die ländliche Venda-Hütte, die ihr als Küche dient, hat

sie in knapp einer Woche mit eigenen Händen gebaut. Nach Landessitte kocht sie alle Mahlzeiten über einem offenen Feuer auf dem Boden der Küche, der noch immer nach frischem Kuhdung riecht, während Masindis Großmutter die Aufgabe zufällt, die Nüsse zu mahlen und durchzusieben. *Vhutete* muss glatt und völlig frei von Klümpchen sein – und nach Expertenmeinung unbedingt aus besonders feinem Maismehl zubereitet werden.

In der Venda-Region werden verschiedene Kräuter und Gewürze angebaut, mit denen seit vielen Jahrhunderten die traditionellen Speisen geschmacklich verfeinert werden. Dazu gehören zum Beispiel *Lunonya* (Kümmelkörner) und *Mufhoho* (Senfkörnern ähnliche Samen). Auch *Rooibos*-Teepflanzen werden angebaut. Dieser Teil von Südafrika ist reich gesegnet mit tropischen Früchten, die häufig in kleinen Buden am Straßenrand feilgeboten werden.

LINKS: Eine Venda-Frau beim Blasen eines Kudu-Horns
OBEN: Eine Venda-Frau und ein junges Mädchen
GEGENÜBER: Die Phiphidi-Fälle bei Thohoyandou

MUKUSULE MIT DOFHI

BLATTGEMÜSE
MIT ERDNUSSSAUCE

FÜR 4 PERSONEN

1 kg Blattgemüse (*Mukusule*, Kasten oben)

¼ l Wasser

Salz und Pfeffer nach Geschmack

ERDNUSSSAUCE (DOFHI)

150 g gemahlene Erdnüsse

¼ l Wasser

1 Die Blätter unter fließendem kaltem Wasser waschen und im Sieb abtropfen lassen.

2 Die Blätter in dem Wasser weich kochen.

3 In der Zwischenzeit das *Dofhi* zubereiten: Die gemahlenen Nüsse in Wasser 15 Minuten köcheln lassen, bis sie cremig sind.

4 Die Blätter in die Sauce geben und köcheln lassen, damit sich die Aromen verbinden. Mit Salz und Pfeffer abschmecken.

TSHISEVHO

DÖRRFLEISCH-EINTOPF

FÜR 4 PERSONEN

500 g Dörrfleisch (*Biltong*, Kasten rechts)

Grobes Salz nach Geschmack

¼ l Wasser

150 g Erdnüsse, im Mörser zerstoßen und gesiebt

1 Das Dörrfleisch in dem gesalzenen Wasser kochen, bis es weich ist. Herausnehmen und warm stellen.

2 Die gemahlenen Nüsse zu der Garflüssigkeit geben und zu einer glatten Sauce verrühren.

3 Das Fleisch zurück in den Topf geben und kochen, bis sich die Aromen verbunden haben.

MASHONZHA

MOPANEWÜRMER MIT GESCHMORTEN TOMATEN UND ZWIEBELN

FÜR 4 PERSONEN

250 g getrocknete Mopanewürmer (rechts)

½ l heißes Wasser

½ l kochendes Wasser

1 mittelgroße Zwiebel, gehackt

4 TL Öl

Salz und Pfeffer nach Geschmack

2 mittelgroße Tomaten, in Würfel geschnitten

1 Prise Chilipulver

1 Die Würmer in heißem Wasser etwa 3 Stunden einweichen.

2 Die Würmer aus dem Wasser nehmen und in einen Topf geben.

3 Das kochende Wasser hinzufügen und kochen, bis das meiste Wasser aufgesogen ist.

4 Öl und Zwiebeln hinzufügen, mit Salz und Pfeffer würzen und 5 Minuten köcheln lassen.

5 Tomaten und Chilipulver hinzufügen, zugedeckt 10 Minuten garen.

6 Heiß mit fermentiertem Maisbrei (*Vhuswa*, rechts) servieren.

VARIANTE: Das geschmorte Gemüse kann durch Erdnusssauce (*Dofhi*) ersetzt werden (*Mukusule*, Rezept gegenüber).

Mopanewürmer sind eine Spezialität der Venda, Tsonga and Pedi. Die Würmer sind nach dem Mopanebaum (Eisenbaum) benannt, von dem sie herabfallen. Südafrika-Reisende, die das Gericht einmal ausprobieren wollen, müssen sich vermutlich an ihren Geschmack erst gewöhnen, doch Kenner schätzen ihr nussiges Aroma. Mopanewürmer sind wegen ihres hohen Eiweißgehalts sehr nahrhaft. Getrocknet halten sie sich sehr lange.

Feines Maismehl wird in Afrika im Gegensatz zum groben Maismehl oder Maisgrieß auch oft als „Super-Maismehl" angeboten. Extra-fein raffiniertes Maismehl, das Weizenmehl ähnelt, ist dort auch als „No. 1"-Maismehl im Handel.

FERMENTED VHUSWA

FERMENTIERTER MAISBREI

FÜR 4 PERSONEN

350 g feines Maismehl (Kasten oben)

1 l lauwarmes Wasser

1 l kochendes Wasser

1 kg extra-feines Maismehl (Kasten oben)

1 Das feine Maismehl in lauwarmem Wasser einweichen und zugedeckt 2 Tage fermentieren lassen.

2 Kochendes Wasser in einen Topf geben und die Hälfte des Maismehlwassers hinzufügen.

3 Das Wasser zum Kochen bringen und die Maismehlpaste hinzufügen. Unter Rühren leise köcheln lassen, bis die Mischung eindickt.

4 Den Brei zugedeckt weitere 10 Minuten leise köcheln lassen. Das extra-feine Maismehl jeweils in kleinen Mengen hinzufügen, dabei gründlich rühren, damit keine Klumpen entstehen.

5 Den Deckel auflegen und weitere 15 Minuten köcheln lassen, zwischendurch umrühren.

VHUTETWE/VHUSWA

MAISBREI-SCHEIBEN

1 l Wasser

250 g extra-feines Maismehl (Kasten unten)

1 Das Wasser zum Kochen bringen und das Maismehl langsam mit dem Schneebesen einrühren, bis eine glatte Masse entsteht.

2 Mit dem Holzlöffel schlagen, um alle Klumpen zu entfernen. Etwa 20 Minuten unter Rühren und Schlagen kochen, bis der Brei gar ist.

3 Den heißen Brei wie einen Stapel dicker Pfannkuchen auf einen Teller schichten und abkühlen lassen. Mit der Hand essen.

> Für diesen Maisbrei wird gewöhnlich extra-feines oder „No.1"-Maismehl verwendet. Den Brei bereitet man am Morgen zu und lässt ihn den Tag über stehen. Fest verschlossen, bleibt er schön feucht. Er passt gut zu Schmorfleisch und zu geschmortem Blattgemüse.

MUKUSULE

PÜRIERTES BLATTGEMÜSE

FÜR 4 PERSONEN

300 g Spinat oder Mangold

300 g Rote-Bete-Blätter

300 g Kürbisblätter

1 große Kartoffel, in Viertel geschnitten

1 Zwiebel, gehackt

Salz und *Masala* (Glossar) nach Geschmack

60 g Butter

1 Das Blattgemüse gründlich waschen, abtropfen lassen, hacken und in einen Topf geben.

2 Kartoffel, Zwiebel, Salz und *Masala* hinzufügen. Etwas Wasser zugeben und 20 Minuten kochen.

3 Butter hinzufügen. Fein pürieren.

MAGEU

FERMENTIERTER MAISBREI

ERGIBT 1 LITER

¾ l Wasser

125 g grobes Maismehl

4 EL Weizenmehl

Zucker nach Geschmack

1 Das Wasser in einem Topf zum Kochen bringen.

2 Das Maismehl mit etwas Wasser verrühren.

3 Die Paste zu dem kochenden Wasser geben und gut verrühren. Die Hitze reduzieren und den Brei unter ständigem Rühren köcheln lassen, bis er gar ist. Abkühlen lassen.

4 Mehl und Zucker gut vermischen und 2 Tage stehen lassen.

5 Testen, ob die Mischung säuerlich ist. Falls nicht, noch einen Tag stehen lassen. Bei Bedarf mit Wasser verdünnen und dann servieren.

HÜHNERKLEIN-EINTOPF

FÜR 4–6 PERSONEN

1–1½ kg Hühnerklein, gesäubert

3 EL Öl

1 grüne Paprikaschote, gehackt

1 große Tomate, klein gehackt

Wasser

Salz und *Masala* (Glossar) nach Geschmack

1 Die Hühnerteile und -innereien mit Wasser bedecken und zum Kochen bringen. Die Temperatur herunterschalten und etwa 30 Minuten köcheln lassen, bis das Fleisch gar ist.

2 Das Öl erhitzen und die Paprikastücke darin braten, bis sie weich sind. Tomatenstücke, Salz und *Masala* hinzufügen.

3 Das Paprika-Tomaten-Püree zum Fleisch geben und weitere 15 Minuten köcheln lassen.

4 Mit Kartoffelpüree oder Klößen (Rezepte S. 52) servieren.

BOTSWANA

Der von Simbabwe, der Republik Südafrika und Namibia umschlossene Binnenstaat Botswana ist ein florierendes Land, reich an Diamanten, an wild lebenden Tieren und nicht zuletzt an talentierten, freundlichen Menschen. In einem schmalen Landstreifen im Südosten, durch den auch der Limpopo fließt, leben 80 Prozent der Botswaner.

Der Boden ist hier sehr fruchtbar, wohingegen die riesigen übrigen Gebiete für eine planbare Landwirtschaft größtenteils zu trocken sind und daher nur wenig Menschen ernähren können. Regen ist im ganzen Land unzuverlässig und selten, sodass Botswana häufig von Dürre heimgesucht wird.

Die ersten Tswana-sprachigen Bewohner der Region, die Kwena, kamen im 18. Jahrhundert von Süden her in das Gebiet des heutigen Botswana. Im 19. Jahrhundert waren die Tswana in der Region fest etabliert. 1966 wurde das frühere Protektorat „Betschuanaland" von Großbritannien als Botswana in die Unabhängigkeit entlassen, und seither ist es ein weitgehend friedliches Land mit einer funktionierenden Regierung und demokratischen Grundsätzen. Diese relative Ruhe hat zu einem beachtlichen Aufschwung der Tourismusindustrie geführt, die sich um die Wildreservate und Nationalparks, hauptsächlich im Norden des Landes, entwickelt hat.

Die meisten Botswaner bringen ihren Mitmenschen im Allgemeinen große Achtung entgegen und bewerten einen Menschen danach, wie er andere behandelt *(Motho ke motho ka batho)*. Unangekündigte Besucher werden selten als Störenfriede betrachtet und bekommen in jedem Fall etwas zu essen angeboten: *Moeng goroga re je ka wena* („Wenn Gäste kommen, essen wir").

Meine Gastgeberin in Botswana war MaDinko, eine traditionell lebende Frau, die mir zeigte, wie man den echten Setswana-Maisbrei, der als *Bohobe bating* bezeichnet wird, zubereitet.

Die Setswana-Kost besteht hauptsächlich aus Maisbrei *(Bohobe)*, Hirsebrei *(Legola)* und mit Sauermilch gekochtem Hirsebrei *(Sebube)*. Beliebt sind auch fermentierter Maisbrei *(Ting)* und als Beilagen gehackte Kutteln oder Kaldaunen *(Diretlo/Serobe)* und durch Klopfen zerfasertes Fleisch *(Seswaa)* . Wie bei den meisten afrikanischen Völkern, wird reichlich Blattgemüse *(Morogo)* gegessen; die populärste Version wird aus den Blättern der Bohnenpflanze zubereitet. Auch getrocknete Bohnen *(Dinawa* und *Ditloo)* und Linsen *(Letlhodi)*, die allesamt in Salzwasser gekocht und mit Salz und Pfeffer gewürzt werden, gehören zum alltäglichen Repertoire der Setswana-Küche.

LINKS: Baobab-Bäume an der Nordspitze der Kudaikm-Pfanne
OBEN: Ein Mann beim Staken eines Mokoro genannten Bootes
GEGENÜBER: Eine große Büffelherde im Okavango-Delta

SESWAA

FASERIG GESTAMPFTES FLEISCH

FÜR 6 PERSONEN

1 kg Rinderbrust

1 große Zwiebel, gehackt

Salz und Pfeffer nach Geschmack

1 Fleisch, Zwiebel sowie Salz und Pfeffer in einen Topf geben. Mit Wasser bedecken und etwa 2½ Stunden kochen, bis das Fleisch weich ist.

2 Das Fleisch herausnehmen, vom Knochen lösen und klopfen, bis es in Fasern zerfällt. Mit Maisbrei, Blattgemüse (*Morogo*, Rezept unten sowie auf S. 38 und 42) und Sauce servieren.

MOROGO

GRÜNES BLATTGEMÜSE

FÜR 4 PERSONEN

1 kg Bohnenblätter (Kasten gegenüber)

2 Zwiebeln, gehackt

⅛ l Wasser

1 EL Öl

Salz und Pfeffer nach Geschmack

1 Das Blattgemüse und die Zwiebelstücke in einen Topf geben und Wasser und Öl hinzufügen.

2 15 Minuten unter ständigem Rühren kochen. Mit Salz und Pfeffer würzen.

> Für dieses *Morogo* werden vorzugsweise Bohnen-blätter verwendet. Man kann sie durch Rote-Bete-Blätter, Stielmus, Mangold oder Spinat ersetzen.

WILD-RAGOUT

FÜR 4–6 PERSONEN

1 Gazellenkeule (750 g–1 kg),

ersatzweise Reh- oder Hirschkeule,

entbeint und in Würfel geschnitten

2 Zwiebeln, gehackt

2 Tomaten, klein geschnitten

⅛ l Öl

¼ l Fleischbrühe

Salz und Pfeffer nach Geschmack

250 g Champignons

4 EL Rotwein

1 l Sahne

1 Bund Petersilie, gehackt (nach Belieben)

2 EL Preiselbeersauce (nach Belieben)

1 Fleisch, Zwiebeln, Tomaten, Öl und Brühe etwa 1 Stunde köcheln lassen, bis das Fleisch weich ist.

2 Das Fleisch in einen anderen Topf geben. (Brühe für eine Suppe aufheben.) Mit Salz und Pfeffer würzen. Pilze, Rotwein und Sahne hinzufügen.

3 Langsam garen, bis die Sauce dickflüssig ist. Nach Belieben mit gehackter Petersilie und Preiselbeersauce garnieren.

4 Mit Reis und Gemüse der Saison servieren.

1 Mehl, Backpulver und Salz vermischen. Zucker hinzufügen und die Butter mit den Fingerspitzen darin verreiben, sodass die Mischung krümelig wird.

2 Ei und Milch miteinander verschlagen und nach und nach in das Mehl geben und zu einem geschmeidigen Teig verarbeiten.

3 Den Teig etwa 1 cm dick ausrollen und dann Kreise von etwa 5 cm Größe ausstechen.

4 Auf gefettetes Backpapier legen. Bei 220 °C 12–15 Minuten backen.

> Diese Scones sind aufgrund der Teigzubereitung schwerer als die englischen, die mit Marmelade und Sahne serviert werden. Man trinkt dazu Ingwerbier.

GINGER BEER

INGWERBIER

ERGIBT 5 LITER

250 g Zucker

5 l kochendes Wasser

2 EL gemahlener Ingwer

2 TL Trockenhefe

2 EL Weinstein

125 g Rosinen

1 Den Zucker in das kochende Wasser geben und rühren, bis er sich auflöst. Den Ingwer hinzufügen. 30 Minuten köcheln lassen. Etwas abkühlen lassen.

2 Die restlichen Zutaten hinzufügen. Zugedeckt an einem warmen Platz 2 Tage stehen lassen.

3 Gekühlt servieren.

BOHOBE BATING YAMABELE

SAURER MAISBREI

FÜR 4 PERSONEN

2½ l Wasser

1 kg fermentierter Maisbrei (Ting, Kasten unten)

1 Das Wasser zum Kochen bringen, nach und nach die Hälfte der Maispaste hineingeben, dabei ständig rühren, damit keine Klumpen entstehen.

2 Zu einer glatten Masse verrühren und weitere 10 Minuten unter ständigem Rühren kochen.

3 Den Rest des Ting hineingeben. Weitere 30 Minuten unter Rühren kochen. Zu Fleisch oder grünem Blattgemüse servieren.

> Saurer Maisbrei ist ein typisches botswanisches Gericht. Dazu wird extra-feines Maismehl mit warmem Wasser zu einer Paste (Ting) vermischt und über Nacht zum Fermentieren stehen gelassen.

SCONES

ERGIBT 12 STÜCK

250 g Weizenmehl

4 TL Backpulver

1 Prise Salz

6 EL Zucker

125 g Butter

1 Ei

⅛ l Milch

STRAUSSEN-KEBABS

FÜR 4–6 PERSONEN

500 g Straußenfilets, in Würfel geschnitten

2 Zwiebeln, gehackt

3 grüne Paprikaschoten, in Würfel geschnitten

Salz und Pfeffer nach Geschmack

¼ l Pfeffersauce

Preiselbeersauce (nach Belieben)

1 Fleisch, Zwiebeln, Paprika abwechselnd auf
Spieße stecken. Mit Salz und Pfeffer würzen.

2 Die Kebabs bei mittlerer Hitze etwa 10 Minuten grillen.

3 Die Pfeffersauce nach Belieben mit Preiselbeersauce vermischen und auf die Kebabs geben.
Mit Reis und Gemüse der Saison servieren.

SIMBABWE

Aufgrund seiner Höhenlage ist dieses tropische Binnenland mit einem gemäßigten Klima gesegnet. Die von Osten kommenden Regenwolken sorgen in den eindrucksvollen Hochlandregionen für reichlich Niederschläge, die jedoch nachlassen, wenn die feuchte Luft weiter westwärts zieht. Des Weiteren zeichnet Simbabwe eine reiche Kulturgeschichte aus: Es gibt zahlreiche Felsmalereien aus der Steinzeit, und Archäologen haben Spuren menschlicher Besiedelung auf dem Gebiet des heutigen Simbabwe 100 000 Jahre zurückverfolgen können.

Die Shona machen rund 75 Prozent der Gesamtbevölkerung von etwa acht Millionen Menschen aus. Die zweitgrößte Gruppe sind die Nguni

sprechenden Ndebele, die unter der Führung von Mzilikazi in der Mitte des 19. Jahrhunderts nach Simbabwe kamen und sich in der Gegend um Bulawayo festsetzten.

Simbabwe kann sich der weltberühmten Victoriafälle, des großen Sambesistromes, des Karibasees und einiger der schönsten Wildtierparks Afrikas rühmen. Und seine Bewohner gehören zu den kreativsten des Kontinents. Auf dem Land gibt es viele versierte Kunsthandwerker. Bei meinem Besuch in Simbabwe verbrachte ich einige Zeit bei einer solchen Familie. Sonile Ncube, eine allein erziehende Mutter von sieben Kindern, ernährt ihre Familie durch den Verkauf der *Hoso* (Musikinstrumente), die sie aus einer Frucht namens *Umkhemeswane* kunstvoll anfertigt. Ihr ältester Sohn schnitzt aus Holz Flusspferde und andere Tiere, die anschließend von den jüngeren Geschwistern geglättet und poliert werden, bevor sie die Arbeiten an der Straße oder auf Kunstgewerbemärkten in der Stadt verkaufen.

Soniles künstlerische Begabung zeigt sich auch in ihrer Küche. Mit Schnitzereien verzierte Regale schmücken die Wände ihrer Lehmhütte. Auf dem sauberen Fußboden stehen aufgereiht große Kanister mit Getreide. Und auf dem Lehmgesims nehmen

Töpfe und Pfannen den Ehrenplatz ein. Das Hauptnahrungsmittel der meisten Simbabwer ist Maisbrei *(Sadza)*, zu dem häufig wild wachsendes Blattgemüse *(Rape)* und Okra gegessen wird. Ein wichtiger Bestandteil der Kost sind auch Nüsse.

Überall im Land isst man *Kapenta*, einen hauptsächlich im Sambesi gefangenen sehr kleinen Fisch. Die Fische werden in der Sonne getrocknet. Die Zubereitung ist in beiden Fällen die gleiche: Sie werden in Öl gebraten und auf Maisbrei serviert oder zu einem Tomaten-Zwiebel-Eintopf gegeben.

LINKS: Stammestänzer bei den Victoria-Fällen
OBEN: Simbabwe ist berühmt für seine Steinskulpturen und seine Holzschnitzereien
GEGENÜBER: Luftaufnahme der Sambesi-Schlucht bei Victoria

NYAMA

TRADITIONELLES RINDER-STEW

FÜR 4 PERSONEN

1 kg Rinderbrust, in Stücke geschnitten

½ l Wasser

Salz nach Geschmack

2 Zwiebeln, gehackt

2 Tomaten, fein gehackt

Salz und Pfeffer nach Geschmack

250 g Blattgemüse (*Morogo*, Kasten S. 42),

in feine Streifen geschnitten

1 Das Fleisch in gesalzenem Wasser kochen, bis es weich ist.

2 Zwiebeln und Tomaten, Salz und Pfeffer sowie das Blattgemüse hinzufügen.

3 Etwa 20 Minuten köcheln lassen, bis das Gemüse gar ist. Mit Maisbrei (*Nshima*, Rezept S. 84) servieren.

KÜRBIS IN ERDNUSSSAUCE

FÜR 4 PERSONEN

⅛ l Wasser

½ Kürbis, geschält und gewürfelt

60 g Erdnusscreme

1 Das Wasser zum Kochen bringen und den Kürbis unter gelegentlichem Rühren darin weich kochen.

2 Die Erdnusscreme hinzufügen und gründlich vermischen. Zu einem glatten Püree verrühren.

CHUMUKUYU

SCHARF GEWÜRZTES DÖRRFLEISCH

FÜR 4 PERSONEN

1 kg magere Rinderlende

2 TL Salz

1 TL schwarzer Pfeffer

1 TL Cayennepfeffer

½ TL *Piri Piri* (scharfe Chilischoten)

4 EL Olivenöl

1 Den Backofen auf 150° C vorheizen.

2 Knorpel und Sehnen vom Fleisch entfernen. Das Fleisch in Streifen schneiden.

3 Das Fleisch auf das Backbleck legen und mit Salz, Pfeffer, Cayenne und *Piri Piri* würzen. Das Öl auf das Fleisch träufeln.

4 Das Backblech in den vorgeheizten Ofen schieben und das Fleisch 30 Minuten austrocknen lassen. Außerhalb des Backofens mindestens weitere 12 Stunden trocknen lassen. Als Imbiss oder als Beilage servieren.

CHUMUKUYU-STEW

GEKOCHTES DÖRRFLEISCH

FÜR 4 PERSONEN

12 Streifen gedörrtes Rindfleisch (300–500 g)

Wasser

60 g Butter

1 Zwiebel, in Scheiben geschnitten

1 Knoblauchzehe, zerdrückt

4 reife Tomaten, gehackt

Salz und Pfeffer nach Geschmack

75 g Erdnusscreme

1 Tüte Rindersuppe

¼ l Wasser

1 Das Dörrfleisch mit Wasser bedecken und gar kochen.

2 Die Butter zerlassen und Zwiebel und Knoblauch darin glasig sautieren. Die Tomaten hinzufügen und mit Salz und Pfeffer würzen.

3 Erdnusscreme, Suppenpulver und Wasser verrühren. Die Paste zum Gemüse geben und 5 Minuten sanft köcheln lassen.

4 Das gekochte Dörrfleisch dazugeben und gut vermischen. Etwa 10 Minuten köcheln lassen, bis sich die Aromen miteinander verbunden haben. Auf Maisbrei (*Nshima*, Rezept S. 84) oder mit Klößen (Rezepte S. 52) und gebratenen Champignons servieren.

SÜSSKARTOFFEL-PÜREE MIT ROSINEN

FÜR 4–6 PERSONEN

4 Süßkartoffeln

¼ l Sahne

1 Dose (340 g) Kondensmilch

30 g Rosinen

1 Die Süßkartoffeln unter fließendem Wasser waschen, aber nicht schälen. In einem Topf mit Wasser bedecken und gar kochen.

2 Die gekochten Süßkartoffeln abziehen und zu Püree stampfen.

3 Sahne, Kondensmilch und Rosinen unterrühren. Mit steif geschlagener Sahne oder einem beliebigen leckeren Dessert servieren.

OKRA IN ERDNUSSSAUCE

FÜR 4 PERSONEN

⅛ l Wasser

250 g frische Okra, klein geschnitten

½ TL Natron

1 große Tomate, klein gehackt

Salz und Pfeffer nach Geschmack

5 EL fein gemahlene geröstete Erdnüsse

1 Das Wasser zum Kochen bringen, die Okra und das Natron hinzufügen. 10 Minuten kochen. Tomate, Salz und Pfeffer hinzufügen.

2 Das Erdnusspulver mit wenig Wasser verrühren, zu den Okra geben und weitere 15 Minuten kochen. Mit Maisbrei (*Vhuswa*, Rezept S. 60) servieren.

> Okra ist fast überall in Afrika ein beliebtes Gemüse. Zum Kochen eignen sich vor allem die kleineren Sorten. Okra ist sehr nahrhaft und wird gern mit Maisbrei, in Simbabwe *Sadza* genannt, gegessen.

MAWUYU, UMKHOMO

BAOBAB-CREME

8 Baobab-Früchte (Affenbrotbaumfrüchte)

⅛ l Milch

100 g Zucker

¼ l Sahne

1 Die Früchte halbieren, die mehligen Kerne entfernen, das Fruchtfleisch in eine Schüssel geben.

2 Milch, Zucker, Sahne hinzufügen, sodass eine dicke Masse entsteht. Als Dessert servieren.

VARIANTE: Statt Milch und Zucker kann man Kondensmilch verwenden.

HÄHNCHEN IN ERDNUSSSAUCE

FÜR 4–6 PERSONEN

1 Hähnchen (750 g–1 kg)

3 EL Mehl, mit Salz und Pfeffer vermischt

4 EL Öl

1 große Zwiebel, gehackt

1 Knoblauchzehe, zerdrückt

1 EL zerdrückter frischer Ingwer

1 grüne Paprikaschote, in Stücke geschnitten

2 große Tomaten, abgezogen und gewürfelt

¼ l Hühnerbrühe

Salz und Pfeffer nach Geschmack

1 TL zerriebener getrockneter Rosmarin

200 g Erdnusscreme

1 Das Hähnen in Portionsstücke schneiden und in dem gewürzten Mehl wälzen.

2 Das Öl erhitzen und die Hähnchenstücke darin anbraten. Die Hähnchenstücke aus dem Schmortopf nehmen und warm stellen.

3 Zwiebel, Knoblauch und Ingwer glasig sautieren.

4 Paprika und Tomaten hinzufügen. Die Hähnchenstücke zurück in den Topf geben. Brühe, Salz und Pfeffer sowie Rosmarin hinzufügen. Aufkochen und dann 30 Minuten köcheln lassen.

5 Die Erdnusscreme hinzufügen bei niedriger Hitze weitere 15 Minuten garen. Falls die Sauce zu dick wird, etwas Wasser hinzufügen.

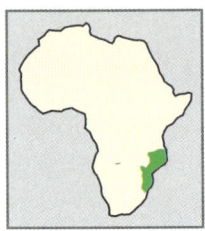

MOSAMBIK

Mosambiks Küstenlinie zieht sich fast 2800 Kilometer am Indischen Ozean entlang. Und das Binnenland erstreckt sich, dem Sambesi-Tal folgend, bis nach Simbabwe und Sambia, wobei die Südspitze von Malawi wie ein Keil in mosambikanisches Territorium hineinragt. Mit dem Limpopo und dem Sambesi fließen zwei der größten Ströme Afrikas durch Mosambik.

Während der feuchten Regenzeit ist es heiß und feucht, mit Temperaturen bis zu 30 °C an der Küste. Am angenehmsten sind die Temperaturen während der trockenen Periode zwischen April und September.

Bereits im 15. Jahrhundert kamen die Portugiesen erstmals hierher. Doch waren ihre Aktivitäten zunächst darauf beschränkt, entlang der Küste Handelsenklaven und Forts zu errichten, während das Landesinnere von kolonialen Einflüssen weitgehend verschont blieb.

Die einheimische Bevölkerung lebte überwiegend im Landesinnern und trieb selbst lebhaften Handel. Erst im 17. Jahrhundert begann die Kolonisierung dieser Gebiete. Private Grundbesitzer ließen sich auf Ländereien nieder, die ihnen von der portugiesischen Krone vermacht worden waren oder die man von afrikanischen Häuptlingen erobert hatte.

Die Unabhängigkeit von Portugal erlangte Mosambik 1975. Doch nach so vielen Jahren der Kolonialherrschaft sind die beiden Länder noch immer stark miteinander verflochten, und Portugiesisch ist die offizielle Sprache des Landes geblieben. In den meisten Cafés und Restaurants werden portugiesische Speisen serviert, und auch in der Küche der einheimischen Bevölkerung ist der portugiesische Einfluss nicht zu übersehen.

Unsere mosambikanische Gastgeberin, Joseffina, ist jedoch sehr stolz auf ihre traditionelle Kochkunst. Alles wird von Hand gemacht – mit Hilfe von Mörser und Stößel oder einer Kokosnusspresse. Joseffina stellt ihr Maniokmehl selbst her und raspelt das Fruchtfleisch frischer Kokosnüsse, um Kokosmilch zu gewinnen. Nach alter Sitte hilft ihre kleine Tochter bei der Essenszubereitung in der Küche im Hof der Familie.

Wie fast überall in Afrika ist auch in Mosambik Maisbrei – hier *Nsima* genannt – die Hauptspeise, dicht gefolgt von dem immer wieder beliebten Reis, der meistens als Pilaw *(Chiru)* mit Garnelen kombiniert wird. *Chiguinha* ist eine Mischung von Maniokmehl und gemahlenen Erdnüssen, die mit Wasser bei schwacher Hitze gegart wird.

LINKS: Mosambik ist berühmt für seinen Fisch und andere Meerestiere
OBEN: Eine junge Mosambikanerin
GEGENÜBER: Eine typische Küstenszenerie bei Vilancolus

BIFE A CARDOSO

RINDFLEISCH AUF CARDOSO-ART

FÜR 1 PERSON

½ l Wasser

300 g Rumpsteak

1 mittelgroße Zwiebel

1 mittelgroße Möhre

1 Lorbeerblatt

Salz und Pfeffer

250 g Weißkohl, fein geschnitten

4 TL Olivenöl

300 g Kartoffeln

2 Eier, gebraten

Schwarze Oliven als Garnierung

1 ⅛ l Wasser zum Kochen bringen. Fleisch, Zwiebel, Möhre und Lorbeer hinzufügen. Mit Salz und Pfeffer würzen und 20 Minuten garen.
2 Den Kohl in 2 TL Olivenöl andünsten.
3 Die Kartoffeln in ⅜ l Wasser kochen.
4 Das Fleisch in drei Scheiben schneiden, so auf dem Kohl verteilen, dass die Spiegeleier dazwischen passen, und mit dem Rest Öl beträufeln.
5 Mit Kartoffeln sowie der Möhre und Zwiebel von der Brühe servieren. Mit Oliven garnieren.

Ein typisches mosambikanisches Gericht, das auf portugiesischen Einfluss zurückgeht.

PIRI-PIRI-HÄHNCHEN

FÜR 2 PERSONEN

1 Hähnchen (etwa 1,3 kg)

Salz und Pfeffer

200 g Butter

6 frische *Piri Piri* (scharfe Chilischoten), zerstoßen

4 TL Zitronensaft

4 Knoblauchzehen, zerdrückt

1 TL Paprikapulver

4 TL Olivenöl

SAUCE

2 Knoblauchzehen

20 g Butter

2 TL Olivenöl

Cayennepfeffer nach Geschmack

Saft von 1 Zitrone

1 EL gehackte Petersilie

1 Das Hähnchen säubern, halbieren, die Karkasse entfernen, den Rest in Stücke schneiden.
2 Die Zutaten zu einer Paste vermischen und die Hähnchenstücke rundum damit einreiben.
3 Das Hähnchen 2 Stunden marinieren. Dann grillen, dabei regelmäßig begießen und wenden.
4 SAUCE: Knoblauch in Butter und Öl braten. Die restlichen Zutaten hinzufügen. Den Knoblauch entfernen. Die Sauce getrennt zum Hähnchen mit Gemüse und Reis servieren.

CAMARÃO GRELHADO MATAPA

BLATTGEMÜSE MIT GARNELEN

FÜR 4 PERSONEN

1 kg Blattgemüse (Spinat oder Mangold),
gewaschen und gehackt

100 g Erdnüsse, zerstoßen

¼ l Kokosmilch

4 Tomaten, abgezogen und gehackt

1 Zwiebel, gehackt

250 g getrocknete Garnelen

1 Alle Zutaten in einem Topf vermischen.
2 Alles zusammen garen. Auf Maisbrei (*Nshima*,
Rezept S. 84) servieren.

Kokosmilch ist bei uns in Supermärkten erhältlich.
Um sie selbst herzustellen, eine frische Kokosnuss
öffnen und das Kokosfleisch raspeln. Mit heißem
Wasser vermischen, einige Minuten stehen lassen,
dann durch ein Sieb pressen. Man kann auch
getrocknete Kokosflocken nehmen, sie in Wasser
sanft köcheln lassen und durch ein Sieb passieren.

Maniok (Kassave), eine Wurzelknolle, die der Süßkartoffel ähnelt, ist in vielen Gerichten West- und
Ostafrikas anzutreffen. Man schneidet die Haut
mit einem scharfen Messer auf und zieht sie wie
bei der Banane ab. Die Knollen werden dann
gewaschen, abgespült und längs aufgeschnitten,
um den inneren Faserstrang zu entfernen. Man
isst sie anstelle von Kartoffeln. Sowohl pikante
wie süße Gerichte werden aus Maniok bzw.
Maniokmehl (Tapioka) zubereitet.

MUTHUMBULA/ MANDIOCA

FRITTIERTE MANIOKSCHEIBEN

FÜR 4 PERSONEN

250 g Maniokknollen

2 Eier, geschlagen

Salz und Pfeffer nach Geschmack

Öl zum Frittieren

1 Die Maniokknollen schälen und in Stücke
schneiden. Mit Wasser bedecken und weich garen.
2 Die Stücke in dem geschlagenen Ei wälzen
und in heißem Öl frittieren. Als Beilage servieren.

CAMARÃO GRELHADO

GEGRILLTE GARNELEN MIT SAUCE

FÜR 1 PERSON

8 große Garnelen

1 EL Zitronensaft

2 TL Salz

5 frische *Piri Piri* (scharfe Chilischoten), zerdrückt

4 Knoblauchzehen, zerdrückt

4 TL Olivenöl

KNOBLAUCHSAUCE

125 g Butter

2 Knoblauchzehen, zerdrückt

2 frische ganze *Piri Piri* (oder Chilischoten)

1 Lorbeerblatt

2 EL Zitronensaft

1 Die Garnelen am Rücken aufschneiden, aber
nicht durchtrennen, und den Darm entfernen.
2 Zitronensaft, Salz, *Piri Piri*, Knoblauch und
Olivenöl vermischen, auf die Garnelen geben
und diese schließen. Die restliche Mischung über
die Garnelen geben und 3 Stunden marinieren.
3 Die Garnelen 20 Minuten grillen, zwischendurch mit der Marinade bestreichen.
4 SAUCE: Die Butter zerlassen, Knoblauch,
Piri Piri und Lorbeer hinzufügen und erhitzen.
5 Vom Herd nehmen und mit Zitronensaft vermischen. Die Garnelen mit Sauce und Reis servieren.

Mosambikanische Holzmaske

MEERESFRÜCHTE

Mosambik hat eine lang gestreckte Küste mit einer warmen Strömung davor – einem idealen Lebensraum für Muscheln und Krustentiere. Es überrascht daher nicht, dass Meeresfrüchte relativ häufig auf der Speisekarte auftauchen.

MEERESFRÜCHTE-SALAT MIT SAFRANREIS

FÜR 8 PERSONEN

SAFRANREIS

4 Fäden Safran

¼ l lauwarmes Wasser

15 g Butter

½ Zwiebel, gehackt

150 g Basmati-Reis

Salz nach Geschmack

65 g Wildreis

2 Knoblauchzehen

¼ l gesalzenes Wasser

MEERESFRÜCHTE-SALAT

500 g verschiedene Meeresfrüchte

3 EL Oliven- oder Sonnenblumenöl

1 Knoblauchzehe, zerdrückt

5 EL Weißwein

Salz und Pfeffer nach Geschmack

1 EL gehackte Kapern

Gehackter Dill

SALATSAUCE

4 EL Balsamico-Essig

1 EL Wasser

Salz und Pfeffer nach Geschmack

6 EL Olivenöl

GARNIERUNG

100 g Cocktail-Tomaten

½ Gurke, in Scheiben geschnitten

1 Den Safran in ¼ l laumwarmem Wasser verrühren und beiseite stellen.

2 Die Butter zerlassen und die Zwiebel darin leicht sautieren. Den Basmati-Reis hinzufügen und einige Sekunden mit der Zwiebel braten.

3 Das Safranwasser sowie Salz hinzufügen und unter ständigem Rühren aufkochen.

4 Den Reis zugedeckt garen. Vom Herd nehmen und abkühlen lassen.

5 In der Zwischenzeit den Wildreis in dem gesalzenen Wasser etwa 20 Minuten kochen. Mit kaltem Wasser abspülen und abtropfen lassen.

6 MEERESFRÜCHTE: Das Öl erhitzen und die Meeresfrüchte sowie den Knoblauch hineingeben und damit überziehen. 1 Minute bei starker Hitze braten. Wein sowie Salz und Pfeffer hinzufügen. Zugedeckt 3 Minuten garen. Die Meeresfrüchte herausnehmen und abkühlen lassen.

7 SALATSAUCE: Essig und Wasser vermischen, mit Salz und Pfeffer würzen und mit dem Olivenöl verschlagen.

8 Safran- und Wildreis miteinander vermengen. Meeresfrüchte, Kapern und Dill darauf verteilen.

9 Gut 1 Stunde im Kühlschrank kühlen. Kurz vor dem Servieren mit der Salatsauce überziehen und mit den Tomaten und Gurkenscheiben garnieren.

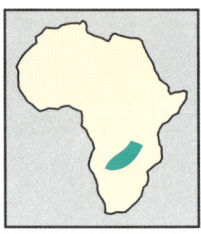

SAMBIA

In den Tropen des südlichen Afrika, weit entfernt von den Küsten des Atlantischen und des Indischen Ozeans, liegt die Republik Sambia auf einem 900 bis 1500 Meter hohen Plateau, das von Laubwäldern, Savannen und Sumpfland bedeckt ist. In den Flüssen und den zahllosen Seen des Landes gibt es Fisch in Hülle und Fülle. Weite Teile des Landes sind bewaldet, und die Regenzeit dauert von Ende November bis April. Sambia ist ein außergewöhnlich schönes Land und hat eine vielfältige Natur zu bieten wie kaum ein anderes Land. Die Victoria-Fälle, die vielen Berge, Seen, Flüsse,

Wälder und die artenreiche Tierwelt verkörpern typische Erscheinungsformen Afrikas und machen Sambia für den Besucher so reizvoll.

Hinweise auf menschliche Siedlungen reichen 200 000 Jahre zurück, als die frühen Stämme Früchte sammelten, jagten und fischten, um sich zu ernähren. Ihre Nachfahren wurden durch Cecil Rhodes britischer Herrschaft unterworfen. Mit seinem Beitritt zum britischen Commonwealth erhielt das Land 1964 seine Unabhängigkeit.

Die Einwohnerzahl Sambias liegt gegenwärtig bei annähernd 10 Millionen, von denen rund zehn Prozent in der Hauptstadt Lusaka leben. Neben Englisch, der offiziellen Landessprache, gibt es eine Reihe einheimischer Sprachen, darunter Bemba, Lozi, Nyanja und Tonga. Obgleich in Sambia über 70 verschiedene Volksgruppen beheimatet sind, ist das Land offenbar weniger von ethnischen Spannungen betroffen als andere afrikanische Staaten.

Sambia ist eines der am stärksten urbanisierten Länder Afrikas. Aber während Lusaka von geschäftigem Markttreiben geprägt ist, lebt die Landbevölkerung größtenteils von Subsistenzwirtschaft. Die Küche des Landes ist exotisch und überrascht mit ungewöhnlichen Aromen. Die Märkte sind voll

von allen möglichen Gemüsearten. Hier findet man garantiert frische Produkte, lebende Hühner, frischen Fisch ebenso wie gekochte Speisen, Kunstgewerbewaren, Schmuck und einen der berühmtesten Exportartikel Sambias, die als *Xhitenge* bekannten bunten Stoffe.

Bei meinem Besuch Sambias habe ich mich mit einer Hausfrau über Kultur und traditionelle Essgewohnheiten unterhalten. Sie zeigte mir, wie sie Maisbrei (*Nshima*), geschmortes Huhn und Okra in Erdnusssauce (*Lumanda*) zubereitet, und stellte mir sambische Erfrischungsgetränke, wie *Muukhoyo*, *Tombwa* und *Kachasu*, vor.

LINKS: Geschäftiger Produktenhandel in der Nähe von Lusaka
OBEN: Ein Töpfer bei der Arbeit
GEGENÜBER: Das Bushveld mit seiner typischen Savannen-Vegetation

REHKEULE

FÜR 6–8 PERSONEN

2 kg Rehkeule, in Scheiben geschnitten

3 EL Öl

3 Zwiebeln, gehackt

4 Tomaten, gehackt

½ l Wasser

Salz und Pfeffer nach Geschmack

1 Das Fleisch im Öl anbraten.

2 Zwiebeln und Tomaten hinzufügen und einige Minuten sautieren. Das Wasser hinzufügen und 1½ Stunden unter gelegentlichem Rühren köcheln lassen.

3 Mit Salz und Pfeffer würzen und die Sauce einkochen. Auf Reis oder festem Maisbrei (*Nshima*, rechts) servieren.

NSHIMA

FESTER MAISBREI

FÜR 6–8 PERSONEN

5 l Wasser

Salz (nach Belieben)

250 g grobes Maismehl

1 Das Wasser zum Kochen bringen. Falls gewünscht, Salz hinzufügen. Das Maismehl langsam unter ständigem Rühren hinzufügen, bis eine glatte Masse entsteht.

2 Im geschlossenen Topf bei mittlerer Hitze kochen; zwischendurch immer wieder rühren.

> Maisbrei ist ein Hauptnahrungsmittel in ganz Afrika. Die Zutaten sind meist dieselben, nur die Konsistenz variiert, je nachdem wie viel Wasser oder Brühe man hinzufügt. Mit der doppelten Menge Wasser entsteht ein weicher Brei, der in der Regel zum Frühstück serviert wird. Fester Brei oder Maisgrütze, in Sambia und Malawi *Nshima* genannt, wird zum Mittag- oder Abendessen gegessen.

NKUKU

GEBRATENES HUHN

FÜR 6–8 PERSONEN

3 kg Huhn

Salz und Pfeffer nach Geschmack

⅛ l Öl

1 große Zwiebel, gehackt

2 große Tomaten, gehackt

1 Das Huhn in Portionsstücke teilen und mit Salz und Pfeffer würzen.

2 Das Öl erhitzen und die Hühnerstücke darin anbraten. Die Zwiebel ebenfalls bräunen.

3 Die Tomaten hineinrühren, die Hitze reduzieren und 45 Minuten schmoren. Mit festem Maisbrei (*Nshima*, links) und grünem Blattgemüse (*Kalembula*, Rezept S. 86) servieren.

ANGWALA

GEBRATENER FISCH

FÜR 8 PERSONEN

60 g Weizenmehl

Salz und Pfeffer nach Geschmack

4 Seebarsche

4 EL Zitronensaft

⅛ l Öl

2 Zwiebeln, in Scheiben geschnitten

4 Tomaten, abgezogen und gehackt

2 frische Chilischoten

1 Mehl, Salz und Pfeffer vermischen. Jeden Fisch mit Zitronensaft beträufeln und in dem Mehl wälzen.

2 Das Öl in einer Pfanne erhitzen. Die Fische auf beiden Seiten jeweils etwa 10 Minuten braten, bis sie außen gebräunt und innen durchgegart sind.

3 Die Fische auf einer Servierplatte warm stellen.

4 In einer anderen Pfanne Zwiebeln, Tomaten und Chilischoten weich braten.

5 Den Fisch mit Tomatensauce und Reis servieren.

Für *Angwala* kann statt Seebarsch auch ein anderer weißfleischiger Meeresfisch verwendet werden.

IMPHWA

AUBERGINEN-GEMÜSE

FÜR 8 PERSONEN

½ l Wasser

3 Zwiebeln, gehackt

3 Tomaten, gehackt

4 kleine Auberginen (unten), in Scheiben geschnitten

Salz und Pfeffer nach Geschmack

½ TL Chilipulver

½ TL Kurkuma

1 Das Wasser erhitzen und Zwiebeln und Tomaten darin 10 Minuten köcheln lassen.

2 Mit den restlichen Zutaten weitere 20 Minuten garen. Mit Maisbrei (*Nshima,* S. 84) servieren.

In Afrika werden überwiegend kleine, grünlich weiße Auberginen, so genannte *Brinjal,* verwendet.

Dieses Gericht ist vor allem bei den Nsenga, einem der sambischen Volksstämme, sehr beliebt.

KALEMBULA

BLATTGEMÜSE

FÜR 4 PERSONEN

½ l Wasser

3 reife Tomaten, abgezogen und gehackt

250 g Süßkartoffel-Blätter (ersatzweise Spinat)

Salz und Pfeffer nach Geschmack

1 Das Wasser zum Kochen bringen und die Tomaten darin weich kochen.

2 Die Blätter hinzufügen und weitere 10 Minuten garen. Mit Salz und Pfeffer würzen. Mit Maisbrei (*Nshima,* Rezept S. 84) servieren.

VARIANTE: Man kann den Blättern mit Wasser verrührte gemahlene Erdnüsse hinzufügen.

FUTARI

ÜBERBACKENE SÜSSKARTOFFELN

FÜR 8 PERSONEN

2 kg Süßkartoffeln, geschält und in dünne Scheiben geschnitten

1½ l Wasser

Salz nach Geschmack

ERDNUSSSAUCE

1 kg gemahlene Erdnüsse

¼ l heißes Wasser

1 Die Süßkartoffeln in dem Wasser weich kochen. Abgießen. Die Scheiben in eine feuerfeste Form schichten. Mit Salz würzen und warm stellen.

2 ERDNUSSSAUCE: Die gemahlenen Nüsse in einer kleinen Schüssel mit dem Wasser verrühren.

3 Die Sauce über die Kartoffeln geben und 15 Minuten bei 180 °C überbacken.

DELELE

OKRA-MAIS-GEMÜSE

FÜR 4 PERSONEN

½ l Wasser

1 TL Natron

500 g Okraschoten, in Scheiben geschnitten

500 g frische Maiskörner

3 Tomaten, abgezogen und gehackt

Salz und Pfeffer nach Geschmack

1 Das Wasser zum Kochen bringen und das Natron darin auflösen. Dann die Okra hinzufügen.

2 Mais, Tomaten sowie Salz und Pfeffer hinzufügen und 15 Minuten unter gelegentlichem Rühren köcheln lassen.

3 Sobald die Garflüssigkeit überkocht, sind die Okra gar. Mit Maisbrei (*Nshima,* S. 84) servieren.

VARIANTE: Okra können auch in einer Erdnusssauce gekocht werden: Dazu frisch gemahlene Erdnüsse mit kochendem Wasser verrühren.

MALAWI

Malawi genießt den Ruf, das „warme Herz Afrikas" zu sein, und in der Tat sind seine Einwohner von Natur aus liebenswürdig, sanftmütig und außerordentlich gastfreundlich.

Das schmale, dicht besiedelte Land erstreckt sich entlang der südlichen Verlängerung des Ostafrikanischen Grabens. Seine geringe Größe und seine unregelmäßigen Grenzen sind das Ergebnis europäischer Politik im späten 19. Jahrhundert, die sich auf die inneren Verhältnisse des Kontinents verheerend ausgewirkt hat.

Wenngleich große Teile des Landes von Wald und Savanne bedeckt sind, ist doch die Fischerei der Hauptindustriezweig und die Haupteinnahme-

quelle der Bewohner, die am Ufer des Malawisees, Chilwasees und des Flusses Shire leben. Eine wichtige Rolle spielt aber auch die Plantagenwirtschaft, die Tabak, Baumwolle, Tee und Erdnüsse für den Export produziert.

Die Bevölkerungszahl liegt bei über 11 Millionen, von denen jedoch fast eine Viertel Million erwachsener Männer in den Minen von Simbabwe und Südafrika oder auf Tabakfarmen in Simbabwe arbeiten. Malawi wurde 1891 unter britisches Protektorat gestellt und 1964 in die Unabhängigkeit entlassen. Englisch ist neben Chichewa Amtssprache.

Auf den Märkten gibt es praktisch alles zu kaufen – vom traditionellen Kunstgewerbe bis hin zu Mahagoni- und Ebenholzmöbeln und natürlich, dank des Malawisees, jede Menge Fisch. Mit seinem verlockend blauen Wasser und seinen leeren Stränden ist der Malawisee die Haupttouristenattraktion des Landes.

In der Küche Malawis findet sich vieles, was man aus anderen Regionen des südlichen Afrikas kennt: Maisbrei (*Nshima*), Blattgemüse (*Rape*, die malawische Version von *Morogo*), Kürbisblätter, Süßkartoffeln, die reichliche Verwendung von fein gemahlenen Nüssen (*Nsijiro*). Populär ist auch *Chinangwa*, ein sehr sättigendes, der Kartoffel ähn-

liches Gemüse, das geschält, in Salzwasser gekocht und in Scheiben geschnitten anstelle von Brot zu Tee serviert wird. Andere beliebte Gemüse sind Okra, Chinakohl, rotschalige Kartoffeln und rote Zwiebeln, die hier allesamt in großen Mengen angebaut werden. Da in Malawi der größte See Afrikas liegt, spielt Fisch auf dem Speiseplan natürlich eine wichtige Rolle. Die Malawier essen doppelt so viel Fisch wie Fleisch. Die auf den Märkten am häufigsten angebotenen Fischarten sind *Chambo* (der Sammelbegriff für sechs Buntbarsch-Arten), *Kampango* (ein größerer, wohlschmeckender Fisch) und *Usipa* (ein sehr kleiner, häufig getrocknet angebotener Fisch).

LINKS: Fischer am Ufer des Malawisees
OBEN: Eine Frau bereitet über offenem Feuer Maisbrei zu
GEGENÜBER: Der malerische Malawisee im frühen Morgenlicht

Ein Koch mit frisch gefangenen Buntbarschen

Okra sind überall in Malawi erhältlich und –
speziell in der Regenzeit – sehr preiswert.
Am besten schmecken sie, wenn sie jung sind.
Später können sie zäh und schleimig werden.
Wenn man sie mit Zitronensaft kocht, verlieren
sie diese Schleimigkeit. Beim Kauf sollte man
darauf achten, dass sich die Enden leicht
abbrechen lassen. Dann sind sie noch zart.

MBATATA

SÜSSKARTOFFEL-HACKFLEISCH-GRATIN

FÜR 4 PERSONEN
4 EL Öl
2 große Süßkartoffeln, geschält und
in dünne Scheiben geschnitten
1 Bund Frühlingszwiebeln, gehackt
500 g Hackfleisch vom Rind
4 Tomaten, abgezogen und gehackt
1 Dose (75 g) Tomatenmark
1 EL Essig
Salz und Pfeffer nach Geschmack
Semmelbrösel

KÄSESAUCE
30 g Butter
1 EL Mehl
¼ l Milch
50 g Käse, gerieben

1 3 EL Öl in einer Pfanne erhitzen und die Süßkartoffeln darin braun braten. Warm stellen.
2 In einem Schmortopf das restliche Öl erhitzen
und die Frühlingszwiebeln darin weich braten.
Das Hackfleisch hinzufügen und bräunen.
3 Tomaten, Tomatenmark, Essig sowie Salz und
Pfeffer hinzufügen. Zugedeckt 30 Minuten garen.
4 Abwechselnd Kartoffeln und Hackfleisch in
eine gefettete feuerfeste Form schichten.

5 KÄSESAUCE: Die Butter in einem Topf zerlassen und das Mehl 1 Minute unter ständigem
Rühren darin bräunen. Die Milch hinzufügen
und die Sauce unter Rühren eindicken lassen.
Vom Herd nehmen und den Käse hineinrühren.
6 Die Sauce über das Fleisch geben, mit Semmelbröseln bestreuen und 45 Minuten bei
180 °C überbacken.

NKWANI

POCHIERTE KÜRBISBLÄTTER

FÜR 4 PERSONEN
500 g Kürbisblätter
Wasser
½ TL Natron
Salz und Pfeffer nach Geschmack
1 Zwiebel, gehackt
2 Tomaten, gehackt

1 Die Kürbisblätter unter fließendem Wasser
gründlich abspülen und die Stängel entfernen.
In Streifen schneiden und in einen Topf geben.
2 Die Blattstreifen mit Wasser bedecken, Natron
hinzufügen (um die Blattfarbe zu erhalten) und
mit Salz und Pfeffer würzen.
3 Zum Kochen bringen und Zwiebeln und
Tomaten hinzufügen. Die Hitze reduzieren und
etwa 20 Minuten garen, bis das Gemüse gar ist.

KAPENTA YAIMPIKWA

GEBRATENE KLEINE FISCHE

FÜR 4 PERSONEN

500 g frische kleine Fische (*Kapenta,*
Kasten unten)

⅛ l Öl

2 große Zwiebeln, gehackt

3 Tomaten, abgezogen und gehackt

Salz und Pfeffer nach Geschmack

1 Den Fisch mit heißem Wasser gründlich säubern. Das Öl in einer Pfanne erhitzen und den Fisch etwa 10 Minuten darin braun braten.

2 Zwiebeln, Tomaten sowie Salz und Pfeffer hinzufügen und gründlich vermischen. 5 Minuten sanft braten. Mit Maisbrei (*Nshima,* Rezept S. 84) servieren.

Kapenta ist ein winziger Fisch, der in Sambia, Malawi und Simbabwe sehr beliebt ist. Er ist zwar frisch erhältlich, doch wird er meist getrocknet verwendet. Dieses Rezept eignet sich für beide Arten. *Kapenta* kann durch frische Sardellen (Anchovis) oder kleine Sardinen ersetzt werden.

MASAMBA-KÜCHLEIN

SPINATKÜCHLEIN

ERGIBT 8 STÜCK

500 g Spinat, gewaschen und gehackt

100 g gekochte kurze Röhrennudeln

2 Eier

100 g frische Semmelbrösel

Salz nach Geschmack

½ TL Zucker

60 g Weizenmehl

4 EL Öl

1 Den Spinat in einen Topf geben und kochen, bis er zusammenfällt. Fein hacken.

2 Die gekochten Nudeln mit dem Spinat vermischen, 1 Ei, die Hälfte der Semmelbrösel sowie Salz und Zucker hinzufügen.

3 Gut verrühren und zu acht Küchlein formen.

4 Das zweite Ei schlagen und mit den restlichen Semmelbröseln in einer getrennten Schüssel vermischen. Die Küchlein zuerst in Mehl und dann in der Ei-Brösel-Mischung wälzen.

5 Das Öl erhitzen und die Küchlein darin braten. Mit einer pikanten Sauce oder einem Tomaten-Relish (Rezept S. 27) servieren.

MANDAZI

FRITTIERTE KÜCHLEIN

ERGIBT 24 STÜCK

500 g Weizenmehl

2 EL Backpulver

2 TL Weinstein

100 g Zucker

4 Eier, geschlagen

Etwa ¼ l Milch

Öl zum Frittieren

1 Mehl, Backpulver und Weinstein vermischen.

2 Zucker und Eier behutsam unterrühren.

3 So viel Milch hinzufügen, dass ein fester Teig entsteht.

4 Das Öl erhitzen, den Teig löffelweise hineingeben und rundum goldbraun frittieren.

5 Die Küchlein auf Küchenkrepp abtropfen lassen.

VARIANTEN: Vor dem Frittieren fünf im Mörser zerstoßene Kardamomkapseln hinzufügen oder die Küchlein mit pikanter oder süßer Füllung servieren.

STEWED CHAMBO

FISCH IN TOMATENSAUCE

FÜR 6 PERSONEN

2 EL Öl

2 Zwiebeln, gehackt

4 Tomaten, abgezogen und gehackt

1 TL Kurkuma

Salz und Pfeffer nach Geschmack

1 ganzer Seebarsch (etwa 500 g) oder ein beliebiger anderer weißfleischiger Fisch, in Portionsstücke geteilt

1 Das Öl in einem Topf erhitzen und die Zwiebeln darin glasig sautieren.

2 Tomaten, Kurkuma, Salz und Pfeffer hinzufügen.

3 Die Sauce köcheln lassen, bis sie eindickt.

4 Die Fischstücke hineinlegen. Falls die Sauce zu trocken erscheint, Wasser hinzufügen. Zum Kochen bringen, die Hitze reduzieren und etwa 30 Minuten köcheln lassen, bis der Fisch gar ist.

SANSIBAR
TANSANIA

Die Insel Sansibar hat seit uralten Zeiten Verbindungen sowohl zu Arabien als auch zum afrikanischen Festland. Der arabische Einfluss auf die Inseln Sansibar und Pemba spiegelt sich wider in ihrer Bevölkerung, die ein Konglomerat verschiedener Völker ist – der Shirazi (aus dem alten Persien), der Araber und der Komorer (von der Inselgruppe der Komoren).

Sansibar wurde 1963 von den Briten als Sultanat, in dem die arabische Oberschicht das Sagen hatte, in die Unabhängigkeit entlassen. Bereits im Januar 1964 jedoch kam es zu einem gewaltsamen Aufstand, bei dem rund ein Fünftel der arabischen Bevölkerung getötet oder aus dem Land gejagt wurde.

Schließlich ergriff der Führer der Afro-Shiraz-Partei, Abeid Karume, der spätere erste Präsident der Republik Tansania, die Macht. Noch im selben Jahr wurde Sansibar mit Tanganjika zur Republik Tansania vereinigt, dem heute größten Land Ostafrikas.

Trotz der Vereinigung ist Sansibar ein wenig isoliert und abgeschnitten geblieben. Zwar sprechen die Sansibarer Swahili (Kiswahili), doch fühlen sie sich auch weiterhin der arabischen Kultur und dem Islam verbunden.

Sansibars Wohlstand basierte vor allem auf dem Gewürznelkenbaum, der auf Plantagen in arabischem Besitz kultiviert wurde. Viele Jahre war die Insel der einzige Gewürznelkenproduzent der Welt – bis auch andere begannen, das beliebte Gewürz anzubauen. Das zwang Sansibar, zur Steigerung der Staatseinnahmen den Tourismus zu fördern. Die „Spice-Tour", zu der auch Besuche auf Gewürzplantagen und in einer Gewürzfabrik gehören, erfreut sich inzwischen großer Beliebtheit. Es ist faszinierend zu beobachten, wie kleine Jungen und junge Männer hohe Bäume erklimmen, um schwarzen Pfeffer zu pflücken, oder andere Gewürze, etwa Muskatnuss, Kurkuma und Nelken, einmal in ihrem Rohzustand zu sehen.

Ich verbrachte einen Tag bei Vulai Mwini und seiner Familie; sie leben am Rand von Stone Town. Die Frauen brachten mir bei, wie man Teig für *Chapati* ausrollt. Andere typische Speisen sind frittiertes Gebäck aus Kokosraspeln (*Kaimati*), Maniok in Kokossauce und Nudeln in Sirup (*Tambi*). Bei vielen Rezepten wird Kokosmilch verwendet. Zu ihrer Herstellung muss man eine Kokosnuss aufbrechen, das Fruchtfleisch raspeln und in heißem Wasser ziehen lassen, bevor man die Flüssigkeit abseiht.

LINKS: Eine Familie posiert strahlend vor ihrem Haus
OBEN: Ein Junge mit einem Hut aus geflochtenen Palmenblättern
GEGENÜBER: Dhauen gleiten über die ruhige See

HÄHNCHEN
MIT MANGO-SAUCE

FÜR 4 PERSONEN

1 Hähnchen (ca. 1 kg)

2 Knoblauchzehen, zerdrückt

1 Zwiebel, gehackt

½ TL gemahlener Zimt

1 TL schwarzer Pfeffer

¼ l Kokosmilch

2 Mangos, in Scheiben geschnitten

¾ l Wasser

Salz nach Geschmack

SAUCE

¼ l Kokosmilch

3 EL Öl

250 g Kartoffeln, gekocht und zerstampft

Salz nach Geschmack

2 TL Kurkuma

GARNIERUNG

1 Mango, in Scheiben geschnitten

1 Zwiebel, in Scheiben geschnitten

3–4 hart gekochte Eier, halbiert

3–4 Tomaten, halbiert

1 Das Hähnchen zusammen mit Knoblauch, Zwiebel, Zimt, schwarzem Pfeffer, Kokosmilch und Mangos in dem gesalzenen Wasser kochen.

2 Wenn das Hähnchen gar ist, die Mangos herausnehmen und für die Sauce verwenden.

3 SAUCE: Die Kokosmilch zusammen mit dem Öl kochen. Die Mangos vom Hähnchen und das Kartoffelpüree hinzufügen. Mit Salz, Kurkuma und Pfeffer würzen. Etwas Hühnerbrühe hinzufügen; die Sauce soll dickflüssig sein.

4 SERVIERVORSCHLAG: Das Hähnchen in Portionsstücke tranchiert auf einem Servierteller anrichten. Mit Sauce überziehen und mit Mango- und Zwiebelscheiben sowie Eier- und Tomatenhälften garnieren.

LANGUSTE
MIT MAYONNAISE

FÜR 1 PERSON

1 Languste

¼ l Wasser

Saft von 1 Zitrone

Salz und Pfeffer nach Geschmack

1 Zwiebel, in Scheiben geschnitten

5 EL Mayonnaise

3 EL Wasser

Frisch gemahlener schwarzer Pfeffer

1 Das Fleisch aus der Languste lösen. Das Wasser zum Kochen bringen und Zitronensaft, Salz, Pfeffer, Zwiebel und das Langustenfleisch hineingeben. 10 Minuten köcheln lassen.

2 Das Langustenfleisch herausnehmen. Dann den Langustenpanzer 5 Minuten in der Garflüssigkeit 5 Minuten kochen. Herausnehmen und unter kaltem Wasser abspülen.

3 Den Panzer auf eine Servierplatte legen und mit dem Langustenfleisch füllen.

4 Die Mayonnaise mit 3 EL Wasser verrühren und auf der Languste verteilen. Mit schwarzem Pfeffer bestreuen und servieren.

GEBRATENER TINTENFISCH

FÜR 4 PERSONEN

500 g Tintenfisch

Wasser

30 g Butter

2 EL Zitronensaft

1 Zwiebel, gehackt

1 Knoblauchzehe, gehackt

1 EL gehackter frischer Ingwer

2 grüne Chilischoten, gehackt

1 TL Kreuzkümmelsamen

1 TL Kurkuma

1 Den Tintenfisch mit Wasser bedecken und 20 Minuten kochen. Herausnehmen.

2 Butter in einer großen Pfanne erhitzen und die restlichen Zutaten 10 Minuten braten.

3 Den Tintenfisch hineingeben und unter Rühren weitere 8 Minuten braten. Mit Salat servieren.

CHAPATI

FLACHES FLADENBROT

ERGIBT 8–10 STÜCK

250 g Weizenmehl

⅛ l lauwarmes Wasser

⅛ l Kokosöl

50 g Butter

3 EL Öl

1 TEIG: Das Mehl mit dem lauwarmen Wasser sowie Kokosöl und Butter vermischen und kneten, bis ein glatter, elastischer Teig entsteht. Zu einer großen Kugel formen und 30 Minuten ruhen lassen.

2 Den Teig zu einer großen Platte ausrollen. Stücke davon abreißen und zu kleinen Platten ausrollen. Abdecken und ruhen lassen. Die Platten erneut ganz flach ausrollen. Die *Chapati* in einer schweren Pfanne in heißem Öl ausbacken.

SANSIBAR-MIX

FÜR 6–8 PERSONEN

BHAJIYAS

200 g Linsen

⅛ l Öl

Salz nach Geschmack

SAUCE

¼ l Wasser

3 EL Mehl

2 TL Kurkuma

Salz nach Geschmack

1 Mango, geschält und gewürfelt

KARTOFFELBREI

2 Kartoffeln

2 reife grüne Bananen

MANIOK-CHIPS

2 Maniokknollen

¼ l Öl

2 TL Chilipulver

CHILI-CHUTNEY

12 rote oder grüne Chilischoten

Salz nach Geschmack

1 unbehandelte Limette oder ½ Zitrone, in kleine Stücke geschnitten

1 Mango, in kleine Stücke geschnitten

KOKOS-CHUTNEY

60 g geraspelte Kokosnuss

Salz nach Geschmack

1 rote Chilischote, fein gehackt

1 Mango, in kleine Stücke geschnitten

1 unbehandelte Zitrone, in Stücke geschnitten

2 EL Zucker

LINSEN

200 g Linsen

½ l Wasser

Salz nach Geschmack

GARNIERUNG

Gemahlene Nüsse

1 BHAJIYAS: Die Linsen über Nacht einweichen. Das Linsenpüree zu Bällen formen und in dem Öl frittieren. Mit Salz würzen.

2 SAUCE: Das Wasser in einem Topf zum Kochen bringen. Das Mehl mit etwas kaltem Wasser zu einer Paste verrühren. Kurkuma, Salz und die Mehlpaste in den Topf geben, die Mangostücke hinzufügen und gut verrühren. 1 Minute garen.

3 KARTOFFELN: Die Kartoffeln gar kochen, abziehen und in Viertel schneiden. Die Bananen in einem anderen Topf 10 Minuten kochen, in Scheiben schneiden und dann mit den Kartoffeln verrühren.

4 CHIPS: Die rohen Maniokknollen schälen und in dünne Stifte schneiden. In heißem Öl frittieren und mit Salz und Chilipulver würzen.

5 CHILI-CHUTNEY: Die Chilischoten längs halbieren, die Samen entfernen und in den Mixer geben. Salz, Limette oder Zitrone und Mango in kleinen Stücken hinzufügen.

6 KOKOS-CHUTNEY: Kokosraspeln, Salz, Chili, Mango und Zitrone mischen. Zucker hinzufügen.

7 LINSEN: Die Linsen über Nacht in dem gesalzenen Wasser einweichen. Etwa 20 Minuten kochen, bis sie weich sind. Durch ein Sieb abgießen, falls noch nicht alles Wasser absorbiert ist.

8 ANRICHTEN: Die Kartoffeln in eine Schüssel geben. Die Linsen und die Sauce hinzufügen und gut vermischen. Die halbierten *Bhajiyas* sowie den Chili- und den Kokos-Chutney darauf verteilen. Ebenso die Maniok-Chips. Heiß mit gemahlenen Nüssen und Chutneys servieren.

VARIANTE: Die Maniok-Chips können durch Kartoffel-Chips ersetzt werden.

1 Das Mehl mit Wasser zu einem glatten Teig verrühren. Zu kirschgroßen Kugeln ausrollen.

2 Kokosmilch, Zucker und Zimt verrühren.

3 Die Teigbällchen in die Kokosmilch geben und darin 5 Minuten kochen. Als Dessert servieren.

KOKOS-BANANEN

FÜR 4 PERSONEN

4 Kochbananen, geschält

2 EL Maiskeimöl oder 30 g Butter

2 Zwiebeln, gehackt

4 Knoblauchzehen, zerdrückt

2 Tomaten, gehackt

1 TL Kurkuma

Salz und Pfeffer nach Geschmack

¼ l Kokosmilch

1 Die Bananen 20 Minuten in Wasser kochen.

2 Öl oder Butter erhitzen und Zwiebeln und Knoblauch darin glasig braten.

3 Tomaten, Kurkuma, Salz und Pfeffer hinzufügen und gut vermengen. Die Bananen nach und nach hinzufügen.

4 In einem kleinen Topf die Kokosmilch zum Kochen bringen, die Hitze reduzieren und 10–15 Minuten köcheln lassen. Dann zu den Bananen geben. Zu gegrilltem Fisch oder Fleisch oder auf Reis servieren.

KAIMATI

KOKOSTEIGBÄLLCHEN MIT ZIMTSIRUP

FÜR 4–6 PERSONEN

¼ l lauwarme Milch

30 g Butter

500 g Weizenmehl, mit

1 Päckchen (10 g) Trockenhefe vermischt

¼ l Kokosmilch

SIRUP

½ l Wasser

200 g Zucker

1 EL gemahlener Zimt

1 Die lauwarme Milch mit der Butter verrühren, das Mehl hinzufügen und gründlich kneten.

2 Die Kokosmilch langsam hinzufügen. Zu einem glatten, geschmeidigen Teig kneten. An einem warmen Platz auf die doppelte Größe gehen lassen. Dann den Teig zu golfballgroßen Kugeln formen.

3 Öl erhitzen und die Teigbällchen darin frittieren.

4 SIRUP: Die Zutaten zusammen kochen.

5 Die *Kaimati* in den Sirup tauchen und abkühlen lassen. Als Dessert oder als Gebäck servieren.

VIPOPOO

TEIGBÄLLCHEN IN KOKOSMILCH

ERGIBT ETWA 24 STÜCK

125 g Weizenmehl

Je 4 EL Wasser und Kokosmilch

3 EL Zucker

2 TL gemahlener Zimt

VISHETI

KOKOSTEIGBÄLLCHEN IM SIRUPMANTEL

ERGIBT ETWA 24 STÜCK

TEIG

125 g Weizenmehl

5 EL lauwarmes Wasser

4 EL Kokosöl

60 g Pflanzenfett

SIRUP

¼ l Wasser

50 g Zucker

1 TL Vanille-Essenz

½ TL gemahlener Kardamom

1 TEIG: Das Mehl mit lauwarmem Wasser, Kokosöl und Pflanzenfett verrühren und zu einem glatten, geschmeidigen Teig kneten. Zu kirschgroßen Kugeln formen und etwa 30 Minuten ruhen lassen.

2 Die Teigbällchen dünn ausrollen, in kleine zylindrische Stücke schneiden und weitere 10 Minuten ruhen lassen.

3 SIRUP: Das Wasser mit Zucker, Vanille und Kardamom verrühren.

4 Die Teigstücke in heißem Öl frittieren. Herausnehmen und auf Küchenkrepp abtropfen lassen.

5 Mit Sirup überziehen und als Gebäck servieren.

TAMBI

WÜRZIG-SÜSSE EIERNUDELN

FÜR 6–8 PERSONEN

500 g dünne Eiernudeln (*Tambi*, Glossar)

¾ l Wasser

Salz

5 EL Zucker

3 EL Öl

6 Kardamomsamen, zerdrückt

1 Die Nudeln in kochendes Salzwasser geben und etwa 10 Minuten kochen, bis sie weich sind. In einem Sieb abtropfen lassen.

2 Die Nudeln zurück in den Topf geben und mit Zucker, Öl und Kardamom gründlich verrühren. Dann servieren.

FISCH AUF MANIOK MIT KOKOSAROMA

FÜR 6–8 PERSONEN

2 Maniokknollen, geschält und gekocht

⅛ l Kokosmilch

1 ganzer weißfleischiger Meeresfisch (Kasten unten)

1 Die Maniokknollen in der Kokosmilch etwa 20 Minuten kochen, bis sie weich sind.

2 Den Fisch auf die Maniokknollen legen und weitere 30 Minuten garen, bis sich die Aromen gut durchdrungen haben.

> Für dieses Gericht eignen sich unter anderem Seehecht, Seelachs und Kabeljau.

KENIA

Kenia ist für viele Leute der Inbegriff von Afrika und das vor allem wegen seiner reichen Tierwelt, die im berühmten Masai-Mara-Nationalpark besonders spektakulär ist. Alljährlich ziehen Millionen von Gnus nach Süden, ebenso zahllose Flamingos. Und vor der großartigen Kulisse des Kilimandscharo im benachbarten Tansania durchqueren Elefantenherden die Savanne.

Nairobi, die geschäftige Hauptstadt Kenias, ist das Herzstück des relativ wohlhabenden Landes. Und Mombasa mit seiner reichen arabischen Geschichte ist die größte Hafenstadt der ostafrikanischen Küste und wird auch von vielen Nachbarstaaten genutzt.

Vor der Kolonialzeit gab es keine Königreiche, die die einzelnen afrikanischen Gesellschaften vereinten. Der Sultan von Sansibar hatte zwar einen gewissen Einfluss auf die arabisch dominierten

Küstenstädte Lamu, Malindi und Mombasa, kaum jedoch auf die Bevölkerung im Landesinnern.

In Kenia sind fast alle großen Sprachgruppen Afrikas vertreten, so auch die an Klicklauten reichen Sprachen San und Khoi. Die offiziellen Sprachen sind jedoch Swahili (Kiswahili) und Englisch. Zu den größten Volksgruppen der annähernd 30 Millionen zählenden Bevölkerung des Landes gehören die Kikuyu, Kamba, Luhya und Masai; letztere verkörpern mehr als jede andere Volksgruppe das traditionelle Kenia.

Meine Gastfamilie in Mombasa war Mama-Omodi mit ihren Töchtern Scolastica, Ambi, Kamene und Pola. Sie alle zeigten mir voller Begeisterung, wie Speisen im Mombasa-Stil zubereitet werden. Alle, Mutter wie Töchter, beteiligen sich an der Zubereitung der täglichen Hauptmahlzeit und stimmen dabei hin und wieder ein Lied an.

In der Küche im Freien herrscht rege Betriebsamkeit, und der Duft des Essens, das auf dem *Jiko* (Holzkohleofen) vor sich hin brutzelt und brodelt, ist wirklich verlockend.

Die Töchter wechseln sich dabei ab, die Kokosnuss zu zerteilen und das Fruchtfleisch zu raspeln, das anschließend in einen nassen *Kifumbu* (koni-

schen Korb) gefüllt und ausgepresst wird, um Kokosmilch zu gewinnen. Die Gewürze werden in einem viel benutzten Mörser mit dem Stößel zermahlen und die Tomaten in einem modernen Mixer zerkleinert. Mit großer Sorgfalt wird der Fisch gesäubert und ausgenommen, das frische Gemüse geschält und zerkleinert. Nach einer abschließenden Überprüfung der Würze erhält das Essen den letzten Schliff und wird zum Servieren garniert.

Ich lernte auch eine ungewöhnliche Methode der Reiszubereitung kennen, wie sie nur in Mombasa üblich ist. Dazu gibt man den Reis mit Wasser in einen Topf, den man anschließend mit einer Zeitung abdeckt. Auf die Zeitung wird ein Metalltablett mit glühenden Kohlen gesetzt. Darunter kann der Reis dann langsam garen. Ist er fertig, wird die trockene Schicht auf dem Reis vorsichtig in einem Stück entfernt.

LINKS: Junge Masai-Mädchen präsentieren stolz ihren bunten Perlenschmuck
OBEN: Samburu-Männer beim Tanz
GEGENÜBER: Oryxantilopen beim Grasen im Busch

STEAKS
MIT SUKUMA WIKI
UND UGALI

STEAKS MIT BLATTGEMÜSE UND MAISBREI

FÜR 4 PERSONEN

Etwa 1 l Wasser

350 g grobes Maismehl (*Ugali*, Kasten rechts)

30 g Butter

200 g Blattgemüse (*Sukuma wiki*, Kasten rechts)

2 Zwiebeln, fein gehackt

1 Knoblauchzehe, zerdrückt

Salz und Pfeffer nach Geschmack

2 EL Öl

500 g Hirschsteak oder Rindersteak,
in Stücke geschnitten

1 kleine Aubergine (*Brinjal*, Glossar),
in Streifen geschnitten

1 Möhre, in Streifen geschnitten

200 g Tomatensauce oder Salsa

1 Das Wasser in einem Topf zum Kochen bringen und das Maismehl hineingeben. Unter ständigem Rühren zu einem festen Brei kochen.

2 Die Butter zerlassen und Blattgemüse, Zwiebeln und Knoblauch 3 Minuten braten. Würzen.

3 Das Öl in einer Pfanne erhitzen und die
Steaks darin braten. Aus der Pfanne nehmen.

4 Aubergine und Möhre in 1 EL Öl braten.

5 Die Steaks sowie den Maisbrei und das Blattgemüse auf einer vorgewärmten Platte arrangie-
ren. Mit Tomatensauce übergießen und mit
Möhren- und Auberginenstreifen garnieren.

> In Kenia wird dieses Gericht oft mit Zebrafleisch
> zubereitet. *Ugali* bezeichnet sowohl Maismehl als
> auch Maisbrei in Kenia, und das andernorts als
> *Morogo* bekannte Blattgemüse heißt hier *Sukuma
> wiki*. Es kann durch Spinat ersetzt werden.

RINDER-RAGOUT

FÜR 4–6 PERSONEN

500 g Rindfleisch, in Würfel geschnitten

2 EL Öl

6 Tomaten, in dünne Scheiben geschnitten

¼ l Kokosmilch

1 EL gehackter frischer Koriander

1 Chilischote, gehackt

Salz nach Geschmack

1 Das Fleisch in dem Öl anbraten.

2 Die restlichen Zutaten hinzufügen und etwa
45 Minuten schmoren, bis das Fleisch gar ist.

MATAHA

ERBSEN-MAIS-KARTOFFEL-BREI

FÜR 4 PERSONEN

300 g enthülste frische Erbsen

300 g frische Maiskörner

5 Kartoffeln

2 EL Öl

Salz nach Geschmack

1 Die Gemüse separat kochen, die Kartoffeln
stampfen. Das Öl in einem Topf erhitzen, die
Gemüse hineingeben und mit Salz würzen.

2 Aufkochen und zu einem Brei verarbeiten.

PILAU

REISGERICHT

FÜR 4–6 PERSONEN

2 EL Öl

500 g Rindfleisch, in Würfel geschnitten

1 EL gemischte Gewürze (Kasten unten)

¼ l Rinderbrühe

150 g enthülste frische Erbsen

4 Möhren, geschabt und in Würfel geschnitten

200 g ungekochter Reis

1 Das Öl in einem Topf erhitzen und das Fleisch mit den gemischten Gewürzen anbraten.

2 Die Brühe hinzufügen und das Fleisch garen.

3 Erbsen, Möhren und Reis hinzufügen, vermengen und weitere 15 Minuten schmoren. Mit Tomaten-Zwiebel-Salat (*Kachumbari*) servieren.

> *Pilau* (Pilaw) ist ein beliebtes Gericht für Hochzeitsfeiern und andere Festmahle im großen Kreis. Als Würze verwendet man eine Mischung aus Chili, Knoblauch, *Dhania* (Koriander), Currypulver und Kurkuma.

FISH STEW

FISCH-SCHMORGERICHT

FÜR 4–6 PERSONEN

2 rote Zwiebeln, gehackt

1 Knoblauchzehe, gehackt

4 Tomaten, abgezogen und gewürfelt

2 Chilischoten, gehackt

3 EL gemahlener Koriander

1 EL Currypulver

1 TL Kurkuma

¼ l Öl

2 ganze Meerbarben (je etwa 500 g), ersatzweise Kabeljaufilet

1 Dose (75 g) Tomatenmark

¼ l Kokosmilch

2 EL Koriandergrün, davon 1 EL gehackt

1 Zwiebeln, Knoblauch und Tomaten in einem Mixer pürieren.

2 Chili, gemahlenen Koriander, Currypulver und Kurkuma im Mörser zerstoßen und mischen. In den Fisch tiefe Einschnitte machen und die Gewürzpaste hineindrücken; ebenfalls über die Oberfläche verteilen.

3 Das Öl erhitzen und den Fisch frittieren.

4 Den Fisch herausnehmen und in einen Topf geben. Tomatenpüree, Tomatenmark, Kokosmilch und gehackten Koriander hinzufügen.

5 Zum Kochen bringen und 10 Minuten köcheln lassen. Mit Korianderblättern garnieren.

BARRAKUDA MIT GEMÜSEBÄLLCHEN UND KOKOSSAUCE

FÜR 4 PERSONEN

200 g Kartoffeln, geschält und gekocht

100 g enthülste frische Erbsen, gekocht

200 g Blattgemüse (*Sukuma wiki*, Kasten S. 104),
gekocht

1 Dose (400 g) Maiskörner

60 g Mehl, mit Salz und Pfeffer gewürzt

Öl zum Frittieren

500 g Barrakuda (ersatzweise Seehecht)

3 EL Öl

2 Zwiebeln, gehackt

1 Knoblauchzehe, gehackt

2 EL gehacktes Koriandergrün

½ TL Kurkuma

¼ l Kokosmilch

1 Kartoffeln, Erbsen, Blattgemüse und Maiskörner pürieren und zu golfballgroßen Kugeln formen. In dem Mehl wälzen und frittieren. Auf Spieße stecken und auf eine vorgewärmte Servierplatte legen.

2 Den Fisch in 1 EL Öl braten. Aus der Pfanne nehmen und warm stellen. In dem restlichen Öl Zwiebeln, Knoblauch und Koriander sautieren.

3 Kurkuma und Kokosmilch hinzufügen und 3 Minuten kochen.

4 Den Fisch neben den Gemüsespießen anordnen und mit der Kokossauce überziehen.

KOKOS-AUBERGINEN

FÜR 4–6 PERSONEN

4 kleine Auberginen (*Brinjal*, Glossar), abgezogen

3 EL Öl

1 Zwiebel, in Scheiben geschnitten

2 TL Currypulver

¼ l Kokosmilch

Salz

1 Die Auberginen längs aufschneiden, aber nicht ganz durchtrennen.

2 Das Öl erhitzen und die Zwiebelscheiben mit dem Currypulver darin braten, bis sie weich sind.

3 Die Kokosmilch hinzufügen und aufkochen.

4 Die Auberginen hineingeben, salzen und etwa 20 Minuten garen, bis das Gemüse weich ist.

GEGRILLTER FISCH

FÜR 6–8 PERSONEN

1 ganzer Red Snapper

Öl zum Bestreichen

Salz und Pfeffer nach Geschmack

Den mit Öl bestrichenen und gewürzten Fisch auf beiden Seiten 30 Minuten grillen. Mit Reis servieren.

VARIANTE: Den Fisch nur 15 Minuten grillen. ¼ l Kokosmilch aufkochen, den gegrillten Fisch hineingeben und weitere 15 Minuten garen.

Traditionell wird Fisch auf einem *Jigo* oder Holzkohleofen gegrillt. Der Grillrost wird zuvor mithilfe einer haarigen Kokosnusshülle mit Öl bestrichen.

MUCHICHA UND ERBSEN

BLATTGEMÜSE UND ERBSEN

FÜR 4 PERSONEN

500 g Blattgemüse (*Muchicha*, Kasten oben)

150 g enthülste frische Erbsen

4 Tomaten, gehackt

2 rote Zwiebeln, gehackt

¼ l Kokosmilch

1 Das Blattgemüse gründlich waschen und zusammen mit den Erbsen weich dünsten.

2 Tomaten, Zwiebeln und Kokosmilch hinzufügen und gut vermischen.

3 Etwa 20 Minuten leise köcheln lassen, bis das Gemüse gar ist. Mit Maisbrei (*Nshima*, Rezept S. 84) servieren.

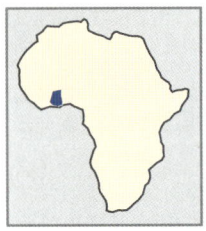

GHANA

Im 13. Jahrhundert wurden in Ghana eine Reihe von Königreichen gegründet, die alle ein reges Handelswesen entwickelten. Die bekannteste und mächtigste dieser Nationen war das Ashanti-Reich.

Die Ashanti-Hauptstadt, Kumasi, war hoch entwickelt und hinsichtlich ihrer öffentlichen Verwaltung und Versorgungseinrichtungen den meisten europäischen Großstädten jener Zeit durchaus ebenbürtig. Doch das nahm mit Beginn des Sklavenhandels nach Amerika im 18. Jahrhundert ein abruptes Ende.

Der moderne Staat Ghana erstreckt sich vom Golf von Guinea etwa 640 Kilometer landeinwärts.

Die Landschaft besteht größtenteils aus bewaldeten Hügeln und weiten Tälern sowie einer tief gelegenen Küstenebene.

Seine Unabhängigkeit von der britischen Kolonialmacht erhielt Ghana 1957. Aber auch danach ist Englisch, das viele seiner 18 Millionen Einwohner sprechen, die offizielle Amtssprache geblieben. Daneben werden noch die Hauptsprachen Afrikas – Akan, Twi, Fante, Ga, Ewe, Dagbeni, Hausa und Nzima – gesprochen. Die meisten Ghanaer sind Christen, es gibt aber auch noch viele Anhänger von Naturreligionen sowie eine moslemische Minderheit.

Accra ist die quirlige Hauptstadt Ghanas. Das pulsierende Leben dort, die Ghanaerinnen in ihren leuchtend bunten Gewändern und das geschäftige Treiben im Stadtzentrum machen Accra zu einer wahrhaft afrikanischen Metropole.

Auf den Straßen wird jede Menge Essbares verkauft. Reis mit würzigem Hühnerfleisch oder gedünstetem Fisch wird kunstvoll in Bananenblätter eingewickelt, und über offenem Feuer werden Kochbananen geröstet. Frauen, die – ganz im afrikanischen Stil – große Schalen mit Gemüse und Obst auf ihrem Kopf tragen, schreiten die Straße auf und ab und bieten ihre Ware feil.

Mercy Debrah hieß uns in ihrer kleinen Garküche willkommen, und ich beobachtete mit Ehrfurcht, wie das Essen zubereitet wurde. Ein muskulöser junger Mann zerstampfte im Mörser gekochten Maniok zu einem Brei, der danach glatt püriert und schließlich zu Bällchen (*Fufu*) geformt wurde. Die meisten ghanaischen Gerichte sind mit Chili, Knoblauch, Palmöl und Erdnusssauce delikat gewürzt. Ich ließ mir das krümelige, feuchte *Gari foto* schmecken sowie die „leichten Suppen" mit Fisch oder Ziegenfleisch, die häufig mit Maniok- oder Maismehlklößen (*Banku*) serviert werden.

LINKS: Ein Verkäufer präsentiert seine fangfrische Ware
OBEN: Eine lächelnde Ghanaerin
GEGENÜBER: Traditionelle Fischerboote am Strand von Elmina

GARI FOTO

MANIOK MIT THUNFISCH UND GEMÜSE

FÜR 4 PERSONEN

5 EL Sojaöl

2 Zwiebeln, in Scheiben geschnitten

1 EL Cayennepfeffer

4 Tomaten, gehackt

2 EL Tomatenmark

1 Dose (175 g) Thunfisch, abgetropft

2 Möhren, in Würfel geschnitten

1 grüne Paprikaschote, in Würfel geschnitten

4 Eier

2 EL Wasser

125 g Tapioka (Kasten rechts)

1 Das Öl erhitzen und die Zwiebeln mit dem Cayennepfeffer sautieren, bis sie weich sind.

2 Tomaten und Tomatenmark hinzufügen und weitere 15 Minuten garen.

3 Thunfisch, Möhren und Paprika hinzufügen und köcheln lassen, bis das Gemüse weich ist.

4 3 Eier schlagen und 1 Ei hart kochen. Das geschlagene Ei langsam in die Sauce geben.

5 Wasser auf die Tapioka träufeln und die Sauce behutsam dazugeben und verrrühren.

6 Das hart gekochte Ei achteln und das *Gari foto* damit garnieren. Auf Salatblättern servieren.

> Statt der handelsüblichen Tapioka wird in Afrika oft *Gari* – selbst gemahlenes, gröberes Stärkemehl aus getrockneten Maniokknollen – verwendet.

OKRA-GEMÜSE MIT FISCH ODER FLEISCH

FÜR 4 PERSONEN

500 g Fisch oder Ziegenfleisch, in Würfel geschnitten

¼ l Wasser

1 Zwiebel, in Scheiben geschnitten

3 EL Palmöl

2 Tomaten, gehackt

1 grüne oder gelbe Paprikaschote, klein geschnitten

100 g gesalzene Sardellen (Kasten rechts)

100 g Okra, gehackt

1 kleine Aubergine (*Brinjal*, Glossar), gehackt

1 Den Fisch in dem Wasser etwa 20 Minuten, das Ziegenfleisch etwa 1 Stunde garen.

2 Die Zwiebel in dem Palmöl weich braten.

3 Gehackte Tomaten, Paprika und Sardellen hinzufügen und 5 Minuten köcheln lassen.

4 Okra- und Auberginenstücke hinzufügen.

5 Den Fisch oder das Ziegenfleisch unterrühren und aufkochen. So lange köcheln lassen, bis der Fisch oder das Fleisch durchgegart ist.

VARIANTE: In Kenia wird zur Verstärkung des Aromas in Schritt 5 gern *Wele* (Kuhhaut) zugefügt.

> In Afrika verwendet man zum Würzen statt der gesalzenen Sardellen meist gesalzene *Kapenta*.

RIND-PALAVA-SAUCE

FÜR 6 PERSONEN

500 g Rindfleisch ohne Knochen, gewürfelt

1 Zwiebel, in Scheiben geschnitten

1 Knoblauchzehe, zerdrückt

1 EL geriebener frischer Ingwer

Salz nach Geschmack

5 EL Palmöl

2 EL Tomatenmark

2 Tomaten, gehackt

2 Möhren, in Würfel geschnitten

2 Chilischoten, gehackt

2 Eier, geschlagen, zum Andicken

500 g Spinat, gewaschen und gehackt

1 Das Fleisch mit der Hälfte von Zwiebel, Knoblauch und Ingwer sowie Salz weich dünsten.

2 In einem anderen Topf die restliche Zwiebel, Knoblauch und Ingwer in dem Öl sautieren.

3 Tomatenmark, Tomaten, Möhren und Chili sowie das gedünstete gewürzte Fleisch dazugeben und 15 Minuten köcheln lassen.

4 Die geschlagenen Eier behutsam unterrühren.

5 Den Spinat hinzufügen und ganz kurz erhitzen, damit er seine Farbe behält. Abschmecken und mit Kochbananen oder Süßkartoffeln servieren.

> In Afrika werden zum Andicken gern gemahlene Melonenkerne (*Agushi*) verwendet.

HÄHNCHEN MIT ERDNUSSSAUCE

FÜR 4–6 PERSONEN

125 g Erdnusscreme

2 EL Tomatenmark

4 EL Wasser

2 EL Palmöl

½ Hähnchen, in Portionsstücke zerlegt

1 Zwiebel, gehackt

1 Knoblauchzehe, zerdrückt

2 EL geriebener frischer Ingwer

3 Chilischoten, gehackt und zerdrückt

3 Tomaten

½ l Hühnerbrühe

1 Lorbeerblatt

Salz nach Geschmack

1 Erdnusscreme mit Tomatenmark und Wasser verrühren und erhitzen, bis sich Öl auf der Oberfläche absetzt. Beiseite stellen.

2 Das Palmöl erhitzen und die Hähnchenstücke darin anbraten. Zwiebel, Knoblauch, Ingwer und Chilis hinzufügen und alles zusammen 10 Minuten sautieren.

3 Die Erdnusssauce hinzufügen und mit Lorbeer und Salz würzen. 45 Minuten leise köcheln lassen. Auf Reis servieren.

KENKEY

MAISBÄLLCHEN IN BANANENBLÄTTERN

FÜR 4 PERSONEN

350 g getrocknete rohe Maiskerne

Wasser

Salz nach Geschmack

Bananenblätter

ZIEGENFLEISCH-SUPPE MIT FUFU-BÄLLCHEN

FÜR 4–6 PERSONEN

1 kg Ziegenfleisch

1 Zwiebel, fein gehackt

1 EL geriebener frischer Ingwer

Salz nach Geschmack

1¼ l Wasser

½ TL Cayennepfeffer

2 Tomaten, gehackt

1 kleine Aubergine (*Brinjal*, Glossar),
geschält und gehackt

1 kleine Dose Limabohnen (nach Belieben)

4 Maniokbällchen (Kasten rechts)

1 Das Fleisch mit Zwiebel, Ingwer und Salz vermischen. ¼ l Wasser hinzufügen und 30 Minuten unter gelegentlichem Rühren sanft garen.

2 Dann 1 l Wasser hinzufügen und aufkochen.

3 Cayennepfeffer, Tomaten und Aubergine hinzufügen. Zugedeckt 15 Minuten köcheln lassen. Nach Belieben Limabohnen hinzufügen.

4 Weitere etwa 30 Minuten garen, bis sich die Zutaten gut miteinander verbunden haben und das Fleisch sich vom Knochen löst.

5 Die Maniokbällchen in eine Suppenschüssel geben und die Suppe darüber schöpfen.

1 Den Mais drei Tage in Wasser einweichen. Dann abspülen und zu einem Brei stampfen.

2 Mit etwas Wasser zu einem dicken Teig verarbeiten. Zum Fermentieren einen Tag stehen lassen.

3 Den Teig in drei Stücke teilen. Zwei Stücke mit etwas Wasser aufweichen und in einem schweren Topf 30 Minuten unter Rühren erhitzen. Vom Herd nehmen und mit dem restlichen Teig vermischen. Salz hinzufügen.

4 Den Teig zu tennisballgroßen Kugeln formen und fest in Bananenblätter einrollen. Den Topf mit Bananenblättern auslegen und die Maisbällchen darauf legen.

5 Mit Wasser bedecken und 3 Stunden kochen. Mit Fleisch oder Fisch servieren.

RED SNAPPER VOM GRILL

1 Red Snapper (etwa 500 g)

1 EL Chilipulver

1 EL geriebener Ingwer

1 Knoblauchzehe, zerdrückt

3 Tomaten, in Scheiben geschnitten

1 Zwiebel, in Scheiben geschnitten

1 grüne Paprikaschote, in Streifen geschnitten

Salz nach Geschmack

WÜRZMISCHUNG

3 EL Sojaöl

Je 1 EL zerdrückter Knoblauch und Ingwer

1 Lorbeerblatt

½ TL Anissamen

Salz nach Geschmack

1 WÜRZMISCHUNG: Alle Zutaten vermischen.
2 Den Fisch auf beiden Seiten einkerben und mit der Würzmischung bestreichen. Den Fisch auf dem Holzkohleofen 20 Minuten grillen.
3 Inzwischen Chili, Ingwer und Knoblauch mit ein paar Tomaten- und Zwiebelscheiben vermischen.
4 Den gegrillten Fisch auf die gewürzten Tomaten-Zwiebel-Scheiben legen.
5 Den Fisch mit den restlichen Zwiebel- und Tomatenscheiben sowie den Paprikastreifen bedecken. Mit *Kenkey* (Rezept links) servieren.

FISCHSUPPE

FÜR 4–6 PERSONEN

1 ganzer Brassen

1 große Zwiebel, gehackt

2 große Tomaten, gehackt

1 grüne Paprikaschote, in Streifen geschnitten

1 kleine Aubergine (*Brinjal*, Glossar),
abgezogen und gehackt

3 EL Palmöl

½ l Fischfond oder Hühnerbrühe

1 Den Fisch schuppen, ausnehmen und reinigen.

2 Zwiebel, Tomaten, Paprika und Aubergine in dem Öl weich braten.

3 Den Fond oder die Brühe und den Fisch hinzufügen und alles aufkochen.

4 Etwa 20 Minuten leise köcheln lassen, bis der Fisch gar ist. Mit Klößen (unten) servieren.

Der Brassen kann durch einen anderen Süßwasserfisch ersetzt werden. In Westafrika isst man zu einer Fischsuppe gern Klöße (*Banku*) aus Tapioka (*Gari*) oder Maismehl, die über der Garflüssigkeit oder über einem Schmorgericht gedämpft werden. Die Zubereitung entspricht der von Klößen aus Vollkornmehl (Rezepte S. 52).

KOKOSNUSS- ODER ERDNUSS-GEBÄCK

ERGIBT 12 STÜCK

200 g Zucker

300 g Erdnüsse oder

240 getrocknete Kokosraspeln

2 EL Glukosesirup

4 EL Wasser

Butter zum Bestreichen

1 Den Zucker karamellisieren, indem man ihn bei niedriger Hitze schmelzen lässt.

2 Die Erdnüsse oder Kokosraspeln mit Sirup und Wasser vermischen und in den Zucker rühren.

3 Ein Backblech mit Butter bestreichen und die Zucker-Nuss-Mischung darauf geben.

4 Die Mischung mit einer Teigrolle ausrollen und in dekorative Formen schneiden. Trocknen lassen und als Dessert servieren.

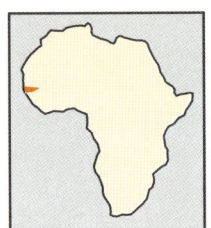

SENEGAL

Senegal liegt im äußersten Westen des afrikanischen Kontinents, begrenzt von Mauretanien im Norden, Mali im Osten, Guinea und Guinea-Bissau im Süden – und dem Atlantik im Westen.

Das Land war schon frühzeitig am atlantischen Sklavenhandel beteiligt. Die Ile de Gorée, ein 16 Hektar großes Eiland in weniger als 10 Kilometer Entfernung vom Festland, zeugt noch immer von dem grausamen Menschenhandel. Auf dieser Insel, die eine der ersten französischen Niederlassungen in Afrika war, gibt es neben einem der Sklaverei gewidmeten Museum noch immer alte Sklavenhäuser und koloniale Herrenhäuser. Senegals Hauptstadt, Dakar, ist eine ausgedehnte, moderne Großstadt und ein bedeutender westafrikanischer Hafen. Hier lebt etwa ein Achtel der 8,5 Millionen Senegalesen. Obgleich in dem Land rund 20 verschiedene ethnische Gruppen – darunter die Wolof, Fulani und Serer – beheimatet sind, leben die Menschen harmonisch miteinander und gehen problemlos Mischehen ein.

Senegal hat starke Bindungen zu Frankreich. 1946 wurde allen Senegalesen die französische Staatsbürgerschaft zuerkannt. Und auch nach der Entlassung in die Unabhängigkeit im Jahre 1974 ist Französisch die Amtssprache geblieben. Das Land ist bekannt für seine Vielfalt an künstlerischen Ausdrucksformen. Am berühmtesten ist es aber wohl für seine Musik und vor allem für das zentrale Element seiner Musik: die Trommel.

Thiebou djeun („tschibo-u-dschen" ausgesprochen) gilt als das Nationalgericht des Landes, obwohl es keine festen Zutaten vorschreibt – es kann nur aus einer schlichten Schüssel Reis mit Gemüse bestehen oder Beigaben wie Fisch enthalten. Zu Ehren von Gästen servieren die Senegalesen *Poulet yassa*, ein in Zitronensaft mariniertes Huhn mit Zwiebeln.

Wie fast überall in Afrika, spielen Erdnüsse in der Küche Senegals eine wichtige Rolle. *Maffé* ist ein auf Erdnusssauce basierendes Schmorgericht mit Huhn, Rind- oder Hammelfleisch und wird als eine der kulinarischen Säulen des Landes betrachtet. Traditionell wird Essen auf Holzkohlenöfen zubereitet, damit es langsam gart und sich die verschiedenen Geschmackskomponenten gut verbinden können. Nach einer Mahlzeit wird zur besseren Verdauung ein stark gesüßter grüner Tee mit frischen Pfefferminzblättern serviert, von dem man unbedingt drei Aufgüsse trinken muß: „Der erste Aufguß ist bitter wie der Tod, der zweite süß wie das Leben und der dritte sanft wie die Liebe", heißt es.

LINKS: Interessante und kunstvolle Holzschnitzereien
OBEN: Bunt angemalte Busse sind überall in Senegal zu sehen
GEGENÜBER: Ein Markt mit frischem Obst und Gemüse

MAFFÉ D'AGREOU

LAMM MIT ERDNUSS-
OKRA-SAUCE

FÜR 4–6 PERSONEN

3 EL Öl

500 g Lammfleisch, in Würfel geschnitten

2 Zwiebeln, gehackt

2 Tomaten, abgezogen und gehackt

5 EL Tomatenmark

100 g Erdnusscreme

2 Süßkartoffeln, geschält und in Viertel geschnitten,

100 g frische Okra, geputzt und gehackt

1 große Maniokknolle, geschält und gehackt

1 rote Paprikaschote, gehackt

Salz und Pfeffer nach Geschmack

½ l Wasser

POULET YASSA

HUHN MIT ZWIEBELSAUCE

FÜR 4–6 PERSONEN

4 Zwiebeln, in Scheiben geschnitten

⅛ l Zitronensaft

Salz und schwarzer Pfeffer nach Geschmack

½ TL Cayennepfeffer

1 große Poularde, in Portionsstücke zerlegt

3 EL Senf

3 EL Öl

1 Zwiebeln, Zitronensaft, Salz, Pfeffer und Cayenne vermischen und 30 Minuten stehen lassen.

2 In der Zwischenzeit die Poulardenstücke mit Salz, schwarzem Pfeffer und Senf bestreichen und 15 Minuten marinieren.

3 Die Poulardenstücke auf oder im Ofen braten, bis sie schön braun und durchgegart sind.

4 Das Öl erhitzen und die Zwiebelmischung darin braten, bis die Zwiebeln glasig sind.

5 Anschließend das Fleisch in die Zwiebelsauce geben und es bei niedriger Hitze darin ziehen lassen, bis sich die Aromen verbunden haben – je länger, desto besser. Wasser hinzufügen, wenn das Fleisch zu trocken wird. Mit Reis servieren.

1 Das Öl erhitzen und die Lammwürfel darin anbraten. Dann aus dem Topf nehmen und warm stellen.

2 Die Zwiebeln in den Topf geben und glasig sautieren. Die restlichen Zutaten bis auf das Wasser hinzufügen und unter Rühren etwa 5 Minuten garen.

3 Das Wasser hinzufügen. Das Fleisch zurück in den Topf geben und zugedeckt etwa 50–60 Minuten köcheln lassen. Mit Reis servieren.

THIOF FARCI
À LA SAINT LOUISIEN

GEFÜLLTER FISCH MIT GEMÜSE

FÜR 4 PERSONEN

1 ganze Meerbrasse (ca. 600 g)

FÜLLUNG

300 g Fischfilets

180 g Semmelbrösel

SAUCE

3 EL Erdnussöl

1 Zwiebel, gehackt

1 Knoblauchzehe, zerdrückt

1 rote Paprikaschote, gehackt

1 Bouquet garni (2–3 Stängel Petersilie,

1 Stängel Thymian und 1–2 Lorbeerblätter)

100 g Tomatenmark

4 reife Tomaten, püriert

½ l Wasser

GEMÜSE

1 Möhre, geschabt und grob gehackt

1 Stange Lauch, grob gehackt

1 rote Pfefferschote, in große Stücke geschnitten

100 g Weißkohl, in große Stücke geschnitten

1 kleine Aubergine, in Viertel geschnitten

3 Kartoffeln, geschält und in Viertel geschnitten

Salz und Pfeffer nach Geschmack

1 Den Fisch vorsichtig schuppen, ausnehmen und säubern.

2 FÜLLUNG: Die Fischfilets mit den Semmelbröseln im Mixer pürieren.

3 Den Fisch damit behutsam füllen und in eine ofenfeste Form legen.

4 SAUCE: Das Erdnussöl erhitzen und Zwiebel, Knoblauch und Paprika darin weich braten. Bouquet garni, Tomatenmark, Tomaten und Wasser hinzufügen.

5 Die Sauce über den Fisch gießen und die Gemüse darum verteilen.

6 Zugedeckt 45 Minuten bei 180 °C garen. Mit Reis servieren.

THIEBOU DJEUN

FISCH-GEMÜSE-SCHMORGERICHT

FÜR 4 PERSONEN

1 Meerbrasse (ca. 1 kg) oder
ein anderer Meeresfisch
1 Zwiebel, gerieben
1 Knoblauchzehe, zerdrückt
2 EL gehackte Petersilie
2 Chilischoten, gehackt
4 EL Öl
4 Tomaten, abgezogen und gehackt
150 g Tomatenmark
½ Weißkohl, in große Stücke geschnitten

4 Möhren, geschält und längs halbiert
2 kleine Auberginen, in Viertel geschnitten
1 l Wasser
Salz und Pfeffer nach Geschmack
350 g Reis

1 Den Fisch tief einkerben. Zwiebel, Knoblauch, Petersilie und Chili vermischen und in die Kerben drücken. Mindestens 1 Stunde stehen lassen.
2 Den Fisch in große Stücke schneiden. Das Öl erhitzen und den Fisch darin braten.
3 Tomaten, Tomatenmark und Gemüse mit dem Wasser in einen Topf geben und weich garen. Mit Salz und Pfeffer würzen.

4 Den Fisch auf das Gemüse geben und weitere 10 Minuten garen.
5 Fisch und Gemüse mit dem Schaumlöffel aus dem Topf heben und im Backofen warm stellen. Den Reis in der Sauce (eventuell mit Wasser ergänzt) gar kochen.
6 Den Reis auf einer großen Servierplatte verteilen und den Fisch sowie das Gemüse darauf legen.

Dies ist Senegals Nationalgericht, das oft mit *Meruo*, *Thiof* oder einem anderen lokalen Fisch zubereitet und mit Rundkornreis serviert wird.

PASTELLE

TEIGTASCHEN MIT GEMÜSEFÜLLUNG

ERGIBT ETWA 12 STÜCK

TEIG

125 g Mehl

Salz nach Geschmack

1 Ei, geschlagen

Wasser

1 EL Öl

FÜLLUNG

1 Zwiebel, gerieben

2 EL gehackte Petersilie

1 Knoblauchzehe, zerdrückt

200 g gekochter weißfleischiger Fisch

Salz und Pfeffer nach Geschmack

1 Mehl, Salz, Ei und Wasser vermischen und einen steifen Teig daraus kneten. Öl auf den Teig träufeln und 30 Minuten eindringen lassen.

2 Den Teig erneut kneten, um das Öl zu verteilen. Ihn dünn ausrollen und zunächst in Streifen und dann in zwölf Quadrate schneiden.

3 FÜLLUNG: Alle Zutaten vermischen und dann im Mixer pürieren.

4 Auf die Teigquadrate mit dem Teelöffel Füllung geben, den Teig umklappen und die Ränder fest zusammendrücken. In heißem Öl frittieren.

SOUPIKANDIA RIZ À LA SAUCE GOMBO

MEERESFRÜCHTE MIT OKRA UND REIS

FÜR 4 PERSONEN

1 Zwiebel, gehackt

⅛ l Palmöl

500 g weißfleischiger Fisch, filetiert und gewürfelt

250 g frische Okra, geputzt und gehackt

2 rote Paprikaschoten, gehackt

50 g Stockfisch, fein gehackt

Salz und Pfeffer nach Geschmack

2 TL gehackte Petersilie

250 g Garnelen oder Muscheln (nach Belieben)

½ l Wasser

1 Die Zwiebel in dem Öl glasig braten.

2 Die restlichen Zutaten hinzufügen und 45 Minuten leise köcheln lassen, bis der Fisch bzw. die Garnelen oder Muscheln durchgegart und die Gemüse weich sind.

3 Mit geschmorten ganzen Okra und Paprikaschoten garnieren und mit Reis servieren.

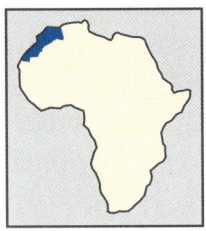

MAROKKO

Marokko ist voller Kontraste. Das an der nord-westlichen Ecke von Afrika gelegene Land ist eben-so vom Meer geprägt – vom Atlantik und Mittel-meer – wie von Bergen, etwa vom Rifgebirge im Norden und vom Hohen Atlas, der sein Rückgrat bildet. Doch damit nicht genug: Marokko hat als charakteristische Merkmale auch weite Sandwüsten, dichten Wald und fruchtbare Ebenen zu bieten.

In seinen Großstädten, wie Casablanca, Marra-kesch, Fès und der Haupstadt Rabat, herrscht ein reges Treiben. Traditionelle Kleinbauern aus den Bergen, die die Berbersprache sprechen, sind dort ebenso anzutreffen wie die Vertreter der Franzö-sisch sprechenden Oberschicht.

Seit die Franzosen und die Spanier Marokko 1956 in die Unabhängigkeit entließen, wurde das Land als Monarchie zunächst von Mohammed V. und danach von Hassan II. regiert. 1999 hat Hassans Sohn, Mohammed VI., die Nachfolge angetreten.

Die Mehrheit der fast 28 Millionen Einwohner Marokkos sind sunnitische Moslems, und die offi-ziellen Sprachen sind Arabisch, Französisch, Spa-nisch und Englisch.

Die an wohlriechenden und -schmeckenden Gewürzen reiche nordafrikanische Küche erfreut sich weltweit zunehmender Beliebtheit. Zu Cous-cous, dem am häufigsten gegessenen Getreide, wer-den in der Regel *Tagines* gereicht, würzige Schmor-gerichte mit Huhn, Lamm oder Rindfleisch, die mit viel Safran und Oliven aromatisiert sind. Marok-kanische *Meze* sind meistens Pürees, Dips, eingelegte Oliven und gekochte oder rohe Gemüse. Als Vor-speise serviert man meist zusammen mit Brot eine Auswahl von *Meze*, die man während der folgen-den Gänge auf dem Tisch stehen lässt.

Charakteristisch für die marokkanische Küche sind ferner Gebäck aus hauchdünnem *Warka*, gehalt-volle Desserts und Pfefferminztee, den die Einhei-mischen auch „marokkanischen Whisky" nennen.

Die marokkanische Küche hat ihre Wurzeln in verschiedenen alten Kulturen. Die aufeinander folgenden verschiedenen Völker, die über die Jahr-hunderte als Invasoren, Händler oder Besucher nach Nordafrika kamen, haben alle ihre Spuren hinterlassen. Die für die nomadisierenden Berber und Beduinen typischen Nahrungsmittel sind auch heute noch landesweit verbreitet, etwa *Smen* (ge-klärte Butter), Datteln und Getreide, wie etwa Cous-cous. Der Einfluss mediterraner Kultur zeigt sich unter anderem in der als Vorspeise servierten *Meze*.

LINKS: *Am Straßenrand ausgestellte Keramikgefäße*
OBEN: *Ein marokkanischer Kellner mit leckeren Speisen*
GEGENÜBER: *Ein Dorf im Atlasgebirge*

B'STILA

HÜHNER- ODER TAUBENPASTETE

FÜR 8 PERSONEN

1 Hähnchen, tranchiert, oder 2 junge Tauben

2 Zwiebeln, gerieben

1 EL geriebener frischer Ingwer

½ TL Safranfäden

½ TL gemahlener Zimt

6 EL Öl

Salz und Pfeffer nach Geschmack

1 Bund Koriandergrün, gehackt

1 Bund Petersilie, gehackt

8 Eier, geschlagen

10 Lagen Phyllo-Teig (Glossar)

100 g abgezogene Mandeln, grob gehackt und geröstet

4 TL Zimt zum Bestreuen (nach Belieben)

4 EL Puderzucker zum Bestreuen (nach Belieben)

1 Die Hähnchenstücke oder Tauben in einen großen Topf geben, Zwiebeln, Ingwer, Safran, ½ TL Zimt, 3 EL Öl sowie Salz und Pfeffer hinzufügen. Etwas Wasser hinzufügen; das Geflügel soll schmoren, aber nicht kochen. Zugedeckt bei niedriger Hitze garen, hin und wieder rühren.

2 Das Geflügel aus dem Topf nehmen, Haut und Knochen entfernen, dann warm stellen. Koriandergrün und Petersilie in den Topf geben und die Sauce ohne Deckel kochen, bis sie dickflüssig ist.

3 Die Eier bei niedriger Hitze behutsam hineinrühren und stocken lassen. Vom Herd nehmen.

4 Den Backofen auf 190 °C vorheizen. Eine Springform von 32 cm Durchmesser und 5 cm Tiefe gründlich einfetten. Eine Lage Phyllo-Teig auf den Boden legen, die Kanten nach außen umschlagen. Mit Öl bestreichen. Mit vier weiteren Lagen – jede wiederum mit Öl bestreichen – fortfahren, sodass der Boden vollständig bedeckt ist.

5 Die Geflügelstücke darauf legen und mit geschlagenem Ei bedecken. Mit einer kleinen Lage Phyllo-Teig bedecken und darauf die Mandeln streuen. Nach Belieben 2 TL Zimt und 2 EL Puderzucker ebenfalls darüber streuen.

6 Die überhängenden Teigkanten über die Mandeln schlagen, mit den restlichen Teiglagen bedecken und diese mit Öl bestreichen. Die Teigkanten in der Form unter die Pastete schlagen.

7 Etwa 45 Minuten backen, bis der Teig knusprig und golden ist. Falls gewünscht, die Oberfläche mit einem Gittermuster aus dem restlichen Puderzucker und Zimt verzieren. Heiß mit Salat servieren.

B'stila, eines der großartigen nordafrikanischen Gerichte, wird als warme Vorspeise serviert und gewöhnlich einfach mit den Fingern aufgenommen. In Marokko werden Pasteten mit hauchdünnem *Warka* zubereitet, das dem Phyllo-Teig ähnelt.

RINDFLEISCH-TAGINE MIT BACKPFLAUMEN

FÜR 6–8 PERSONEN

3 EL Oliven- oder Sonnenblumenöl

1 große Zwiebel, gehackt

2 Knoblauchzehen, zerdrückt

1 kg Rinder-Schmorfleisch, in große Stücke zerteilt

3 EL gehackte Petersilie

1 TL gemahlener Zimt

1 TL gemahlener Kreuzkümmel

½ TL geriebener frischer Ingwer

2 TL frisch gemahlener schwarzer Pfeffer

½ TL Safranfäden oder 1 TL Kurkuma

¾ l Wasser

250 g Backpflaumen, halbiert und entsteint

1 EL flüssiger Honig

Salz nach Geschmack

Geröstete Sesamsamen

Gehackte Mandeln

1 Das Öl erhitzen und Zwiebeln, Knoblauch, Fleisch sowie Petersilie und Gewürze darin braten, bis das Fleisch rundum schön braun ist.
2 Das Wasser hineinrühren und das Fleisch etwa 1½ Stunden schmoren, bis es gar ist.
3 Backpflaumen, Honig und Salz hinzufügen. Zugedeckt weitere 30 Minuten köcheln lassen.
4 Mit Sesam und Mandeln garnieren und auf Couscous (Rezept S. 128) servieren.

GESCHMORTES GEMÜSE

FÜR 6–8 PERSONEN
2 Zwiebeln, gehackt
2 Knoblauchzehen, zerdrückt
2 TL geriebener frischer Ingwer
½ TL Safranfäden oder 1 TL Kurkuma
4 EL Oliven- oder Sonnenblumenöl
Je 250 g gemischtes Gemüse der Saison,
z. B. Kartoffeln, Möhren, Zucchini, Kohl oder
Aubergine, in grobe Stücke geschnitten
Wasser
Salz und Pfeffer

BELAG
1 Zwiebel, gehackt
1 EL Olivenöl
3 EL Sultaninen
½ TL Kreuzkümmel
Salz und Pfeffer nach Geschmack

1 Zwiebeln mit Knoblauch, Ingwer und Safran oder Kurkuma in dem Öl weich sautieren.
2 Das Gemüse hinzufügen und mit Wasser bedecken. Würzen und 20 Minuten garen.
3 BELAG: Die Zwiebel in Olivenöl glasig braten. Sultaninen, Kümmel, Salz und Pfeffer hinzufügen.
4 Das Gemüse auf gekochten Couscous (links) – und evtl. Fleisch oder Gefügel – geben. Darauf die Zwiebel-Sultaninen-Mischung verteilen.

> Couscous, grober Hartweizengrieß, ist Marokkos Hauptnahrungsmittel. Das aus ihm zubereitete Gericht heißt ebenfalls Couscous.

COUSCOUS

FÜR 6–8 PERSONEN
500 g Couscous
4 EL Butterschmalz
¼ l kochendes Wasser

1 Das Butterschmalz behutsam mit dem Couscous mit den Fingern verreiben (es bewirkt, dass der Couscous körnig bleibt).
2 Das kochende Wasser hinzufügen, gründlich verrühren und 10 Minuten stehen lassen. Dann den Couscous mit der Gabel auflockern.
3 Den Couscous in ein Wasserbad oder in ein Metallsieb über einem Topf mit leise köchelndem Fleisch oder Gemüse geben und ohne Deckel 20 Minuten garen.
4 Den Couscous nochmals auflockern, in eine vorgewärmte Schüssel geben und Butterflocken darauf verteilen. In die Mitte eine Vertiefung drücken und Fleisch und/oder Gemüse hineinfüllen.

TAJINE DE POULET MQUALLI

HUHN-TAGINE MIT OLIVEN UND EINGELEGTEN ZITRONEN

FÜR 4 PERSONEN

1 Zwiebel, gehackt

3 EL Olivenöl

3 Knoblauchzehen, zerdrückt

Salz und Pfeffer nach Geschmack

½ TL geriebener frischer Ingwer

1½ TL gemahlener Zimt

1 große Prise Safranfäden oder

½ TL gemahlener Safran

1½ kg Huhn

¾ l Hühnerbrühe oder Wasser

100 g eingelegte grünbraune marokkanische Oliven, abgetropft, oder grüne und schwarze Oliven, abgetropft

1 eingelegte Zitrone (rechts), geschält und gehackt

1 Bund Koriandergrün, fein gehackt

1 Die Zwiebel in dem Öl goldbraun braten.

2 Knoblauch, Salz, Pfeffer, Ingwer, Zimt und Safran vermischen. Zu den Zwiebelstücken geben und erhitzen, dann über das Huhn geben.

3 Das Huhn in einen großen Topf legen. Brühe oder Wasser hinzufügen und zum Kochen bringen. Die Hitze reduzieren und das Huhn zugedeckt 1½ Stunden köcheln lassen, zwischendurch zwei- bis dreimal wenden.

4 Oliven, eingelegte Zitrone und Koriandergrün hinzufügen und weitere 15 Minuten zugedeckt garen. Abschmecken. Dann das Huhn auf eine Servierplatte legen – nach Belieben in Portionsstücke zerteilen – und warm stellen.

5 Die Sauce reduzieren, überschüssiges Fett auf der Oberfläche entfernen und die Sauce über das Huhn gießen. Mit Couscous (S. 128) servieren.

EINGELEGTE ZITRONEN

2 EL grobes Meersalz

12 runde, saftige unbehandelte Zitronen

Saft von 1 Zitrone

1 2 TL Salz in ein Einmachgefäß geben.

2 12 Zitronen mit einem scharfen Messer auf einem Teller längs ein- aber nicht ganz durchschneiden; die Enden sollen zusammenbleiben.

3 Vorhandene Kerne entfernen, 1 EL Salz in die Einschnitte geben, die Zitronen schließen und dicht aneinander in das Gefäß schichten.

4 Den Saft darauf geben, mit dem restlichen Salz bestreuen und mit kochendem Wasser bedecken.

5 Das Gefäß fest schließen und 3–4 Wochen stehen lassen. Eventuell bildet sich ein weißer Film auf den Früchten – das ist normal und harmlos.

VARIANTEN: Statt Zitronen können auch Limetten verwendet werden. Nach Belieben 1 Stange Zimt, 3 Nelken, 6 zerstoßene Koriandersamen, 3 Pfefferkörner und 1 Lorbeerblatt hinzufügen.

1 Milch, Stärke und Zucker vermischen. Aufkochen, die Hitze reduzieren und rühren, bis eine dicke Milchsauce entsteht.

2 Den Phyllo-Teig in große, runde Platten schneiden. Abwechselnd Teigplatten und Milchsauce in eine runde Backform schichten. Mit Nüssen bestreuen und etwa 20 Minuten bei 180 °C goldbraun backen.

HUMMUS

KICHERERBSENPÜREE

FÜR 4–6 PERSONEN

200 g getrocknete Kichererbsen

250 g Sesamsamen

1 Knoblauchzehe, zerdrückt

Zitronensaft nach Geschmack

Salz und Pfeffer nach Geschmack

1 EL Olivenöl

1 Die Kichererbsen über Nacht einweichen. Abtropfen lassen, etwas Wasser für das Püree aufheben.

2 Frisches Wasser in einen Topf geben und die Kichererbsen fast weich kochen. Abtropfen lassen. Sesam und Knoblauch hinzufügen.

3 Die Kichererbsen im Mixer mit so viel Einweichwasser pürieren, dass ein dicker Brei entsteht. Mit

Zitronensaft und Salz und Pfeffer abschmecken.

4 Den *Hummous* in eine Schüssel geben, in die Mitte eine Vertiefung drücken und Öl hineingeben.

> Desserts sind unüblich in der afrikanischen Küche. Den Abschluss eines Essens bildet gewöhnlich frisches Obst. Süße *B'stila* sind eine Ausnahme.

B'STILA MIT MILCH

PHYLLO-TEIG MIT MILCHFÜLLUNG

FÜR 6–8 PERSONEN

½ l Milch

2 EL Speisestärke

2 EL Zucker

5–6 Lagen Phyllo-Teig (Glossar)

150 g gehackte gemischte Nüsse

TABBOULEH

BULGURSALAT

FÜR 4–6 PERSONEN

175 g feinkörniger Bulgur (Weizenschrot)

1 Bund Petersilie, fein gehackt

50 g Minzeblätter, fein gehackt

2 feste Tomaten, abgezogen und gewürfelt

4 Frühlingszwiebeln, fein gehackt

Salz und Pfeffer

1 TL *Soemak* (arabisches Gewürz)

3 EL Olivenöl

3 EL Zitronensaft

1 Den Bulgur 2–3 Stunden einweichen. In ein Sieb geben und gut abtropfen lassen.

2 Petersilie und Minze mit Tomaten und Frühlingszwiebeln vermischen.

3 Die restlichen Zutaten vermischen, zum Salat geben und vermengen. Als Vorspeise servieren.

BABA GHANNOUJ

AUBERGINENPÜREE

FÜR 4–6 PERSONEN

1 kg Auberginen

⅛ l Sesamöl

125 g Joghurt

2 EL gehackte Petersilie

1 Knoblauchzehe, zerdrückt

2 EL Zitronensaft

2 EL Olivenöl

Salz und schwarzer Pfeffer

½ Gurke zum Garnieren

1 Die Auberginen für etwa 1 Stunde bei 180 °C backen oder grillen, bis sie weich sind, in kaltes Wasser tauchen und mit Zitronensaft beträufeln. Abkühlen lassen, dann abziehen und den Saft abtropfen lassen. Die Auberginen pürieren.

2 Die restlichen Zutaten vermischen. In eine Schüssel geben und mit Gurkenscheiben garnieren.

> Dieses Gericht wird als *Meze* serviert.
> *Meze* sind in der Regel mehrere kleine Gerichte,
> die als Vorspeise gereicht werden.

RECHTS, IM UHRZEIGERSINN VON OBEN LINKS:
Typische Meze: Tabbouleh, Baba Ghannouj, Hummus und
Shanhlish (Fetakäse mit Kreuzkümmel und Cayenne)

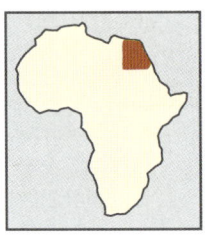

ÄGYPTEN

„Metropole des Universums, Garten des Globus, Ameisenhaufen der menschlichen Spezies, Thron königlicher Herrscher, eine mit Burgen und Palästen reich geschmückte Stadt, ihr Horizont mit Klöstern und Lehranstalten verziert und von den Monden und Sternen der Bildung erhellt." So beschrieb Ibn Chaldun, ein bedeutender arabischer Historiker des Mittelalters, Kairo.

Kairo, auch die „Mutter der Erde" genannt, ist dem Vernehmen nach die größte Stadt Afrikas. Sie hat eine lange und reiche Geschichte. An diesem letzten Vorposten des afrikanischen Kontinents soll meine kulinarische Reise vom Kap nach Kairo enden.

Ägypten, an der nordöstlichen Spitze Afrikas gelegen, erstreckt sich über den Suezkanal hinaus bis zum Sinaigebirge. Im fruchtbaren Tal des majestätischen Nils, der – von Süden kommend – ins Mittelmeer fließt, war eine der frühesten bekannten Zivilisationen beheimatet, deren Ursprünge 6000 Jahre, bis in die Pharaonenzeit, zurückreichen. Neben denen aus Mesopotamien, dem Industal und China war sie eine der ältesten Kulturen. Die Pyramiden und die Sphinx, byzantinische Kirchen und römische Ruinen locken jedes Jahr Zigtausende von Reisenden aus aller Welt an.

Ägypten hat rund 64 Millionen Einwohner. Seine Bevölkerung ist recht bunt gemischt, stammt aber im Wesentlichen aus dem Mittelmeerraum. Die offiziellen Sprachen sind Arabisch, Französisch und Englisch.

In jedem Teil Afrikas gibt es ein spezielles Blattgemüse, das als Delikatesse gilt. In Südafrika ist es *Morogo*, in Kenia *Sukuma wiki*, in Malawi und Simbabwe *Rape*. Mosambik hat *Matapa*, die Sambier lieben *Ifisyasi* und *Kalembula*, und Ägyptens Spezialität ist *Moloukia*.

Die ägyptische Küche ist mit *Meze*, *Moussaka* und *Cannelloni* teils arabisch, teils mediterran be-

einflusst. Wie jedes andere Land haben die Ägypter aber auch ihre eigenen traditionellen Speisen, wie etwa *Tamia*, *Foul* und *Kochari*. Als Delikatesse gelten auch Tauben, die auf den meisten Straßenmärkten angeboten und erst beim Kauf gerupft und ausgenommen werden. Meistens wird einem geraten, doch besser ein Paar zu nehmen – damit der Partner nicht einsam und traurig zurückbleibt.

Das Café ist das Herz des ägyptischen Straßenlebens, und wie in vielen Teilen Afrikas, ist es eine Domäne der Männer. Es bietet seinen Gästen eine angenehme Atmosphäre, um sich bei einer Tasse süßen ägyptischen Tees oder arabischen Kaffees zu entspannen und dabei eine Wasserpfeife zu rauchen.

LINKS: Ein altes ägyptisches Basrelief
OBEN: Ein ägyptisches Mädchen beim Weben eines Teppichs
GEGENÜBER: Ein „Wüstentaxi" und sein stolzer Besitzer

BAMIA SAUCE

OKRA-HACKFLEISCH-PFANNE

FÜR 4–6 PERSONEN

4 EL Öl

2 Zwiebeln, gehackt

500 g Hackfleisch vom Rind

½ l Tomatensaft

1 kg Okra, geputzt und in Scheiben geschnitten

5 Knoblauchzehen, zerdrückt

½ TL gemahlener Koriander

Salz nach Geschmack

1 2 EL Öl erhitzen und die Zwiebeln goldbraun braten. Dann das Hackfleisch darin anbraten.
2 Tomatensaft hinzufügen und 10 Minuten köcheln lassen. Dann die Okra hineinrühren.
3 In einer Pfanne den Knoblauch und Koriander in 2 EL Öl braten, zum Hackfleisch geben und 7 Minuten köcheln lassen. Mit Reis servieren.

FETAH

LAMMFLEISCH MIT REIS UND BRÜHE

FÜR 4–6 PERSONEN

1 l Wasser

2 Zwiebeln, gehackt

5 Kardamomkapseln

Salz und Pfeffer nach Geschmack

1 kg Lammfleisch, in Würfel geschnitten

6 Scheiben Weißbrot

10 Knoblauchzehen, zerdrückt

3 TL Öl

2 EL Essig

300 g gekochter Reis

1 Das Wasser in einem großen Topf zum Kochen bringen, Zwiebeln, Kardamom, Salz und Pfeffer hinzufügen. Dann das Fleisch hineingeben und in etwa 45 Minuten gar kochen.
2 Das Fleisch aus der Brühe nehmen und warm stellen. Die Kardamomkapseln entfernen und die Zwiebeln pürieren.
3 Brot in kleine Vierecke schneiden und auf den Boden einer Schüssel legen.
4 Den Knoblauch im Öl goldgelb braten. Essig hinzufügen und 3–5 Minuten kochen lassen. In die Brühe geben und weitere 5 Minuten garen.
5 Das Brot mit etwas Brühe befeuchten und mit Reis bedecken. Auf den Reis die restliche Brühe geben. Das Fleisch darum herum anordnen.

KEBABS

FLEISCH-GEMÜSE-SPIESSE

FÜR 4–6 PERSONEN

500 g Hackfleisch

1 kleine Zwiebel, fein gehackt

2 EL gemischte frische Kräuter, z. B. Thymian, Basilikum, Petersilie und Oregano, fein gehackt

Salz und Pfeffer nach Geschmack

80 g frische Weißbrotkrumen

500 g Lammfleisch, in Würfel geschnitten

2 große Zwiebeln, in Achtel geschnitten

2 große, feste Tomaten, in Achtel geschnitten

1 Hackfleisch, kleine Zwiebel, Kräuter und Brotkrumen vermischen und Bällchen formen.
2 Die Hackfleischbällchen abwechselnd mit Lammwürfeln, Zwiebel- und Tomatenachteln auf Metallspieße stecken. Auf einem Holzkohleofen grillen. Mit *Pita*-Brot servieren.

PUTER MIT REIS UND KHALTA

FÜR 6–8 PERSONEN

1 Puter (1–1½ kg)

3 EL Mehl

1 EL Senf

4 EL Zucker

125 g Butter

175 g Reis (Kasten unten)

¼ l Hühnerbrühe

75 g abgezogene Mandeln

Je 75 g Rosinen und Sultaninen

1 Den Puter mit Mehl einreiben und stehen lassen, dann mit Wasser abspülen. Mit Senf bestreichen. Im Backofen 2–3 Stunden bei 180 °C braten, je nach Größe des Geflügels.

2 Zucker und Butter zusammen im Topf schmelzen.

3 Den Reis hinzufügen und verrühren. Die Brühe hinzufügen und zum Kochen bringen. Die Hitze reduzieren und etwa 20 Minuten köcheln lassen, bis der Reis gar ist.

4 Den Reis auf eine Servierplatte geben und den Puter darauf legen. Die Mandeln, Rosinen und Sultaninen (Khalta) auf dem Reis verteilen.

> Ägyptischer Reis ist etwas runder als der bei uns gebräuchliche Langkornreis.

2 Die Zwiebeln in einer Pfanne in dem Öl braun braten. Mit einem Schaumlöffel herausnehmen.

3 Das Öl in den Linsentopf geben und 10 Minuten unter sanftem Rühren kochen lassen. Mit Salz und Pfeffer würzen.

4 Die Tomatensauce erhitzen und mit den gebratenen Zwiebeln über dem Gericht verteilen.

> *Kochari* ist ein sehr beliebtes Gericht, das vor allem in der Fastenzeit gern gegessen wird.

KOCHARI

LINSEN-REIS-NUDEL-GERICHT

FÜR 4 PERSONEN

200 g braune Linsen

175 g Reis

100 g kleine Röhrennudeln

2 Zwiebeln, gehackt

4 EL Öl

Salz und Pfeffer nach Geschmack

1 Glas (400 g) würzige Tomatensauce

1 Linsen, Reis und Nudeln getrennt nach Packungsanweisung kochen, dann zusammen in einen Topf geben.

KUBEEBA

HACKFLEISCHBÄLLCHEN

FÜR 4 PERSONEN

500 g Bulgur (Weizenschrot)

500 g Hackfleisch vom Rind

1 Zwiebel, gerieben

Salz und Pfeffer nach Geschmack

Öl zum Frittieren

FÜLLUNG

500 g Hackfleisch vom Rind

1 Knoblauchzehe, zerdrückt

1 Zwiebel, fein gehackt

Je 1 Prise Kreuzkümmel, Koriander und und Paprikapulver

Salz und Pfeffer nach Geschmack

1 Den Bulgur 20 Minuten einweichen. Abtropfen lassen und mit Hackfleisch, Zwiebel, Salz und Pfeffer vermischen.

2 FÜLLUNG: Fleisch, Knoblauch, Zwiebel, Gewürze, Salz und Pfeffer 20 Minuten sautieren.

3 Mit nassen Händen eine kleine Menge Bulgur-Fleisch-Mischung in die halb geöffnete Handfläche geben, mit dem Zeigefinger der anderen Hand ein Loch in die Bällchen drücken und rühren, bis die Wand ganz dünn wird. Bis zur Hälfte Füllung sowie einen kleinen Klacks Butter geben. Die Hand erneut anfeuchten und die Bällchen schließen.

4 Die *Kubeeba* im Öl frittieren oder mit Öl bestreichen und im vorgeheizten Backofen bei 180 °C rundum braun braten.

> *Kubeeba* – eiförmige Fleischbällchen mit Hackfleischfüllung – werden als Vorspeise (*Meze*) oder als Imbiss serviert. Bulgur ist in vielen Supermärkten sowie in orientalischen Läden erhältlich.

MOLOUKIA

GRÜNES BLATTGEMÜSE

FÜR 4 PERSONEN

500 g Spinat oder Mangold, fein gehackt

¼ l Hühner- oder Fleischbrühe

60 g Butter oder Butterschmalz

2 Knoblauchzehen, zerdrückt

½ TL gemahlener Koriander

1 Das Gemüse in die Brühe geben und 10 Minuten andünsten.

2 Butter oder Butterschmalz zerlassen und den Knoblauch mit dem Koriander darin sautieren.

3 Das Gemüse hinzufügen und mit Brot oder Reis zu gebratenem Fleisch oder Geflügel servieren.

YOGHURT ZABADIE BELKHEIAR

JOGHURT MIT GURKE

FÜR 4 PERSONEN

125 g Joghurt

1 Gurke, in kleine Stücke geschnitten

1 grüne Paprikaschote, fein gehackt

Salz nach Geschmack

1 Alle Zutaten vermischen.

2 Als Salat servieren.

LISAN ASFOUR

REISNUDELN MIT HACKFLEISCH

FÜR 4 PERSONEN

4 EL Wasser

175 g Reisnudeln (Kasten unten)

500 g Hackfleisch vom Rind oder Lamm

1 Zwiebel, gehackt

1 Knoblauchzehe, zerdrückt

1 grüne Paprikaschote, gehackt

½ TL Koriander

½ TL Kreuzkümmel

1 Gurke, in Scheiben geschnitten

1 Das Wasser zum Kochen bringen und Reisnudeln und Hackfleisch zusammen mit Zwiebel, Knoblauch, Paprika und Gewürzen andünsten.

2 Die Nudel-Fleisch-Gemüse-Mischung in eine ofenfeste Form geben und im Backofen bei 180 °C weitere 20 Minuten braten.

3 Gurkenscheiben darum herum anordnen und nach Belieben zu gebratenem Geflügel servieren.

> Reisnudeln − reiskornförmige Nudeln − gibt es in türkischen bzw. orientalischen Lebensmittelläden. Wegen ihrer Form heißen sie auch „Vogelzungen" (Lisan Asfour).

Grünes Blattgemüse (Moloukia) und Lisan Asfour mit Geflügel

UMA' ALI

PHYLLO-TEIG MIT NÜSSEN UND ROSINEN

FÜR 4–6 PERSONEN

500 g Phyllo-Teig (Glossar)

150 g gemischte Nüsse

75 g Rosinen

1 EL getrocknete Kokosraspel

½ l warme Milch, gesüßt mit 4 EL Zucker

1 EL Sahne oder Butterflocken

1 Den Backofen auf 200 °C vorheizen.

2 Jeweils 1–2 Lagen Teig 2–3 Minuten backen, bis sie trocken und knusprig sind. Mit den Fingern zerdrücken und in eine leicht gefettete Backform geben.

2 Nüsse, Rosinen und Kokosraspeln mischen und auf den zerdrückten Teig geben.

3 Die Milch darüber gießen, Sahne oder Butter darauf verteilen und im Backofen bei 200 °C bräunen.

FOUL

BOHNEN MIT LINSEN

FÜR 4–6 PERSONEN

175 g getrocknete dicke Bohnen

175 g rote Linsen

1 Knoblauchzehe, zerdrückt

3 EL Öl

2 Tomaten, gehackt

2 Zwiebeln, gehackt

1 Die Bohnen über Nacht in Wasser einweichen. In dem Einweichwasser weich kochen.

2 Linsen und Knoblauch hinzufügen.

3 Das Öl erhitzen und die Tomaten und Zwiebeln darin sautieren. Mit dem Bohnen-Linsen-Eintopf verrühren. Heiß oder kalt servieren

KICHK

GEKÜHLTE HÜHNERSUPPE

FÜR 4 PERSONEN

60 g Mehl

Salz und Pfeffer nach Geschmack

½ l Hühnerbrühe

¼ l Milch

1 Zwiebel, in Scheiben geschnitten

15 g Butter

1 Das Mehl mit Salz und Pfeffer vermischen. Die Hühnerbrühe mit der Milch verrühren und in das Mehl geben, gut vermengen.

2 Unter ständigem Rühren bei niedriger Temperatur erhitzen. Dann in einer flachen Schüssel abkühlen lassen.

3 Die Zwiebel in der Butter braun braten. Aus der Pfanne nehmen, auf Küchenkrepp abtropfen und abkühlen lassen. Dann auf die Suppe geben. Kalt servieren.

VARIANTE: Für eine grüne Suppe 4 EL gehacktes frisches Koriandergrün in die Suppe geben.

Kichk wird für sich oder als Vorspeise (*Meze*) gereicht.

TAMIA

FALAFEL

ERGIBT 4–6 STÜCK

175 g Kichererbsen

1 EL gehacktes Koriandergrün

1 EL gehackter Dill

1 EL gehackte Petersilie

Salz und Pfeffer

½ TL gemahlener Koriander

½ TL gemahlener Kreuzkümmel

4 Frühlingszwiebeln, gehackt

1 Prise Natron

Öl zum Frittieren

1 Die Kichererbsen über Nacht einweichen und in der Küchenmaschine pürieren.

2 Die Kichererbsen mit den frischen Kräutern vermischen und mit Salz, Pfeffer, Koriander- und Kreuzkümmelpulver würzen.

3 Frühlingszwiebeln und Natron hinzufügen. Die *Falafel* zu Bratlingen formen und in heißem Öl frittieren. Mit Bohnen-Linsen-Brei (*Foul*, Rezept gegenüber) servieren.

GLOSSAR

AGUSHI (EGUSI)

Gemahlene Melonenkerne, die vor allem in Westafrika häufig zum Andicken verwendet werden. Sie
geben dem Gericht ein nussartiges Aroma und können durch gemahlene Mandeln ersetzt werden.

BAOBAB-FRÜCHTE

Die holzschaligen Früchte
des Affenbrotbaums. Sie
haben ein kürbisähnliches,
süßsauer schmeckendes
Fruchtfleisch, das roh oder
als Kompott gegessen wer-
den kann. Aus den Kernen wird Speiseöl gewonnen.

BRINJAL (AUBERGINE)

Eine gurkenförmige Frucht
mit glänzender, meist dun-
kelvioletter Schale. In Afrika herrschen allerdings
kleinere Sorten mit grün-
lich weißer Schale vor.

CHILI

Frische oder getrocknete
Chilischoten sind eine beliebte Zutat in der afrikanischen Küche. Gemahlene,
getrocknete Chilischoten
werden als Cayennepfeffer
im Handel angeboten. Grüne Chilischoten sind aro-
matischer und saftiger, rote sind schärfer.

COUSCOUS

Grober Hartweizengrieß
und das aus ihm zuberei-
tete Gericht, das vor allem
in Nordafrika gegessen
wird. Traditionell wird
Couscous über Wasser oder
Brühe gedämpft und zu Gemüse- oder Fleischgerichten (vor allem Hammelgerichten) gereicht.

DÖRRFLEISCH

Rohes rotes Fleisch wird in Streifen geschnitten und
in der Sonne – oder im Backofen – getrocknet. Es
wird als Snack verzehrt oder in einer Sauce, beispielsweise Erdnusssauce, geschmort, als Gericht
gegessen. In Südafrika wird das Fleisch, meist von
Rind, Kudu oder Strauß, *Biltong* genannt.

ERDNÜSSE

Gemahlene Erdnüsse wer-
den in der süd- und west-
afrikanischen Küche häu-
fig verwendet. Mit Wasser
verrührte gemahlene Erd-
nüsse sind die Basis zahl-
reicher Saucen und Suppen. Man kann die Paste
durch handelsübliche Erdnusscreme ersetzen.

FALAFEL

Gebratene Bällchen oder Bratlinge aus gewürztem
Kichererbsenpüree, die vor allem im arabischen
Raum gern gegessen werden.

FETA

Ein weicher, krümeliger Ziegen- oder Schafskäse,
der ursprünglich aus Griechenland stammt und
heute auch in anderen Mittelmeerküchen reichliche Verwendung findet.

FUFU

Fufu sind Maniokbällchen
(*siehe* Maniok). Maniok-
knollen werden gekocht,
zerstampft und zu einem
Püree verarbeitet und
dann zu Bällchen geformt.

KARDAMOM

Gewürzpflanze mit dreikantigen Kapselfrüchten,
in denen kleine, braune Samen sitzen. Die Früchte
werden ganz oder gemahlen im Handel angeboten.
Kardamom ist Bestandteil des Currypulvers und
wird zum Würzen von Suppen und Schmorgerich-
ten, aber auch von Gebäck verwendet.

KOCHBANANEN

(auch Planten oder Pisang)
Große Bananenart – dop-
pelt so groß wie Obstbana-
nen – mit grüner Schale,
die roh ungenießbar, aber
gekocht, gebraten oder
gebacken in der west- und ostafrikanischen Küche
häufig verwendet werden. Der Geschmack ähnelt
etwa dem von Kartoffeln.

KOKOSMILCH

Besonders in Ostafrika findet man Kokosmilch in vielen Gerichten. Die Milch erhält man, indem man eine Kokosnuss aufschlägt, das Fruchtfleisch raspelt oder reibt und mit heißem Wasser verrührt. Nach ein paar Minuten wird das Fruchtfleisch in einem Sieb ausgedrückt und die Milch aufgefangen.

KORIANDER (DHANIA)

Frische Korianderblätter werden zum Würzen von Fisch, Fleisch und Salaten und oft auch zur Garnierung von Currys verwendet. Koriander ist auch getrocknet als Pulver erhältlich.

KREUZKÜMMEL (CUMIN)

Ein aromatisches Gewürzkraut mit kümmelähnlichen Samen, die eine pikante, scharfbittere Note haben.

KURKUMA (GELBWURZ)

Tropische, zu den Ingwergewächsen gehörende Pflanze. Die Wurzeln haben leicht bitter schmeckendes, duftendes Fruchtfleisch. Getrocknet und gerieben ist Kurkuma Bestandteil von Currypulver.

MAISBREI

Maisbrei ist in großen Teilen Afrikas die Hauptbeilage eines Gerichts. Maisbrei wird aus Maismehl, Maisgrieß oder Maisschrot zubereitet.

MAISMEHL

In Afrika ist Maismehl eines der Hauptnahrungsmittel. Es wird in unterschiedlicher Konsistenz angeboten: vom extra-feinem Maismehl über den gröberen Maisgrieß bis zu sehr grobem Maisschrot. Maisschrot kann man selbst herstellen, indem man getrocknete Maiskörner in einer Handkaffeemühle grob zerkleinert.

MANIOK (KASSAVE)

Ein tropisches Gemüse mit stärkereichen Wurzelknollen. Die Schale der Maniokknolle wird mit einem scharfen Messer aufgeschlitzt und wie bei einer Banane abgezogen. Das Wurzelfleisch wird dann der Länge nach aufgeschnitten und der faserige innere Strang entfernt. Gekocht können Maniokknollen Kartoffeln ersetzen. Getrocknet und gemahlen dient es als Speisestärke (Tapioka).

MASALA

Masala ist der indische Name für Gewürzmischung. In Asienläden werden unterschiedliche fertige Gewürzmischungen unter der Bezeichnung *Masala* angeboten. Am bekanntesten ist *Garam masala*.

MOROGO

Morogo ist die Bezeichnung für verschiedenes, oft wild wachsendes Blattgemüse. *Morogo* kann durch Spinat, Mangold oder Rote-Rüben-Blätter ersetzt werden.

MUSKATNUSS

Der dunkelbraune Samenkern der Muskatfrucht. Die Nüsse kommen meist ohne Schale in den Handel und werden dann über eine Speise gerieben. Auch fertig gerieben als Pulver im Handel.

NELKEN

Getrocknete kurz vor dem Aufblühen geerntete Blütenknospen des immergrünen Gewürznelkenbaums, der früher allein in Sansibar angebaut wurde. Heute kommt das Gewürz auch aus anderen Ländern zu uns. Nelken kommen ganz oder gemahlen in den Handel.

OKRA (GAMBOS)

Meist längliche Früchte einer Eibischart. (Die rundlichen kommen als Bamias in den Handel.) Die fünfeckigen, fingerdicken, grünen Schoten sind ein in Afrika häufig verwendetes Gemüse. Man sollte beim Kauf möglichst junge, feste Schoten auswählen, die älteren enthalten eine gallertartige Masse.

PALMÖL

Palmöl wird aus den intensiv roten Früchten der Ölpalme, die in dichten Fruchtständen vereinigt sind, gewonnen. Das Öl wird aus dem Fruchtfleisch ausgepresst oder ausgekocht.

PAPRIKASCHOTEN

Paprikaschoten sind in vielen Gerichten Afrikas, vor allem in der mediterran beeinflussten nordafrikanischen Küche, zu finden. Paprikaschoten sind meist grün, gelb, orange oder rot im Handel.

PFEFFER

Die in der Sonne getrockneten unreifen, grünen Beeren der Pfefferpflanze ergeben den schwarzen Pfeffer. Weißer Pfeffer sind die getrockneten reifen, roten Beeren, deren Fruchtfleisch entfernt wurde.

PFEFFERMINZE (MINZE)

Die würzig duftenden Blätter einer teils wild wachsenden, teils angebauten Staude. Die Blätter werden frisch oder getrocknet zur Teezubereitung verwendet.

PHYLLO-TEIG (FILO-TEIG)

Zu hauchdünnen Blättern ausgerollter Teig, der knusprigem Strudelteig ähnelt und in Nordafrika – dort auch als *Warka* bekannt – für Pasteten und pikante oder süße Backwaren verwendet wird.

SAFRAN

Ein kostbares Gewürz, das zum Würzen und Färben von Speisen – z. B. Reis – verwendet wird. Aus den Blüten der Safranpflanze, einer Krokusart, werden die orangefarbenen Narben herausgezupft. Diese werden getrocknet und kommen als Safranfäden oder gemahlen in den Handel.

SMEN (GHEE)

Smen oder *ghee*, geklärte Butter, wird in der indischen und nordafrikanischen Küche normalerweise bei der Speisezubereitung als Fett verwendet. Es kann durch Butterschmalz ersetzt werden.

SÜSSKARTOFFELN

Süßkartoffeln oder Bataten haben meist eine rote Schale (es gibt sie allerdings auch weißschalig). Sie werden wie Kartoffeln zubereitet und serviert.

TAMBI

Dünne Eiernudeln, die sich vor allem auf Sansibar großer Beliebtheit erfreuen, wo sie gekocht und meist mit Zucker und gemahlenem Zimt vermischt, gegessen werden.

TAPIOKA (GARI)

Stärkemittel aus getrockneten, gemahlenen Maniokknollen. *Siehe auch* Maniok

YAM

Yam ist die Wurzelknolle einer tropischen Kletterpflanze. Sie kommt in vielerlei Größen und Formen vor und kann ein Gewicht von bis zu 70 kg erreichen. Das Fruchtfleisch ist gelb oder weiß und kann gekocht, gebraten, gebacken, zu Brei zerstampft oder als Chips frittiert gegessen werden. Der Geschmack erinnert etwas an Süßkartoffeln. Yamswurzeln halten sich an einem kühlen, dunklen Ort viele Monate.

BEZUGSADRESSEN

Viele der in den Rezepten genannten fremdländischen Lebensmittel sind heutzutage in großen Supermärkten, in Gemüseläden mit exotischem Fruchthandel bzw. in türkischen, orientalischen oder – in einigen Städten – auch afrikanischen Läden erhältlich. Wer in seiner Nähe nicht fündig wird, kann sich an folgende Adressen wenden und Zutaten bestellen:

Gewürzhaus Alsbach
An der Staufenmauer 11
D-60311 Frankfurt am Main
Tel. +49 69 28 33 12
Fax +49 69 29 61 41

Sathi
Versand & Catering
Postfach 1124
D-85609 Aschheim
Tel. & Fax +49 89 903 04 55

Asienversand Silkroad
Postfach 20 11 30
D-53141 Bonn
Tel. +49 228 37 48 05
www.asienversand.de

Versand in Österreich:
www.lebensmittel-asien.com

Agrar Marketing Service
Peter Schwarz
Tel. +41 14 32 50 80
Fax +41 14 31 28 79
www.agroshop.ch

REGISTER